U0521441

# 为什么是杭州

## 中国式现代化的杭州样本

林建华 / 主编

王晶 / 副主编

人民东方出版传媒
People's Oriental Publishing & Media
东方出版社
The Oriental Press

图书在版编目（CIP）数据

为什么是杭州：中国式现代化的杭州样本 / 林建华主编. -- 北京：东方出版社，2025.8. -- ISBN 978-7-5207-4522-2

Ⅰ. D675.51

中国国家版本馆 CIP 数据核字第 2025VD3814 号

为什么是杭州：中国式现代化的杭州样本
WEISHENME SHI HANGZHOU: ZHONGGUOSHI XIANDAIHUA DE HANGZHOU YANGBEN

| 主　　编： | 林建华 |
|---|---|
| 副 主 编： | 王　晶 |
| 责任编辑： | 孔祥丹　杜　烨 |
| 责任校对： | 孟昭勤 |
| 出　　版： | 东方出版社 |
| 发　　行： | 人民东方出版传媒有限公司 |
| 地　　址： | 北京市东城区朝阳门内大街 166 号 |
| 邮　　编： | 100010 |
| 印　　刷： | 三河市中晟雅豪印务有限公司 |
| 版　　次： | 2025 年 8 月第 1 版 |
| 印　　次： | 2025 年 8 月北京第 1 次印刷 |
| 开　　本： | 710 毫米 ×1000 毫米　1/16 |
| 印　　张： | 17 |
| 字　　数： | 204 千字 |
| 书　　号： | ISBN 978-7-5207-4522-2 |
| 定　　价： | 78.00 元 |

发行电话：（010）85924663　85924644　85924641

版权所有，违者必究
如有印装质量问题，我社负责调换，请拨打电话：（010）85924602　85924603

# 目 录

导　论　　　　　　　　　　　　　　　　　　　　　　　　　001

第一章　心系浙江，情牵杭州——思想引领

　　第一节　民之所盼，政之所向：为民办实事　　　　　　003
　　第二节　从"八八战略"到"硅谷天堂"　　　　　　　　012
　　第三节　有为政府，有效市场　　　　　　　　　　　　022
　　第四节　从一方平安到长治久安：平安杭州　　　　　　028

第二章　从"八八战略"到"数字浙江"——政策创新

　　第一节　践行"八八战略"：打造数字经济第一城　　　035
　　第二节　数智杭州，宜居天堂：建设人工智能头雁城市　041
　　第三节　打通最后一公里：优化营商环境　　　　　　　047

第三章　创新活力之城——机制密码

　　第一节　严管与厚爱：容错纠错机制　　　　　　　　　053
　　第二节　集智助推乡村振兴：科技特派员制度　　　　　062
　　第三节　"链"出新动能：链长＋链主制　　　　　　　069
　　第四节　市场化＋公益性：市场化解纷机制　　　　　　074
　　第五节　助企纾困：金融惠企工作机制　　　　　　　　079

## 第四章 "智汇港湾"虹吸效应——人才资源

　　第一节　战略引领：顶层设计驱动产业转型　　085
　　第二节　市场适配：人才与产业实现双向奔赴　　094
　　第三节　深度融合：产学研用一体化新范式　　102

## 第五章 要素集聚，链式协同——成本优势

　　第一节　供应链优势：全要素生产率跃升　　115
　　第二节　营商成本：多层次降本增效机制　　125
　　第三节　效能革命：政务时效管理新突破　　130
　　第四节　税惠杭城：创新政策乘数效应　　137

## 第六章 "活力青创友好圈"——城市环境

　　第一节　文化基因：商业文明创新传承　　145
　　第二节　创业环境：数智赋能活力热土　　151
　　第三节　品质生活：安居引航与青年共建　　161

## 第七章 "5+X"加速构建发展——未来产业

第一节 创新赋能：从科技创新到产业创新　　　　171
第二节 中国路径：从创新协同到创新生态　　　　181
第三节 杭州实践：从"拼政策优惠"到"拼创新生态"　　　　194

## 第八章 将"市域之治"融入"中国之治"——现代治理

第一节 中国道路：从中国方案到中国繁荣　　　　211
第二节 杭州经验：从理念性创新到系统性创新　　　　217
第三节 杭州善治：从杭州之治到中国之治　　　　228

## 第九章 "创新创业新天堂"——魅力引领

第一节 创新天堂：创新创业新天堂　　　　237
第二节 其来有自：从自然之美到创新之美　　　　244
第三节 创新生态：从外部牵引到内生驱动　　　　251

## 后　记　　　　256

# 导 论

上有天堂，下有苏杭。江南忆，最忆是杭州。

三面云山一面城，一江春水穿城过。21世纪初的2002年，习近平同志北上浙江，最美杭州开始迎来史无前例的蝶变。从那时到现在，20多年过去了，实施"八八战略"是浙江人建设更加美好家园一以贯之的主题主线。作为省会城市，杭州经济社会发展走出了一条不寻常、不平凡的发展轨迹：GDP（地区生产总值）从1000亿元到5000亿元，用了12年；从5000亿元到1万亿元，用了6年；从1万亿元到1.5万亿元，只用了4年；从1.5万亿元到2万亿元，也仅用了4年。美丽且富裕，创新且奋进，这就是杭州。

2025年，注定载入杭州创新创业史册。新春伊始，科创企业"杭州六小龙"[1]横空出世、声名鹊起，让中国乃至世界的目光再次聚焦杭州这片创新沃土。杭州迅速成为许多科创型新企业、小企业的向往之地，一些年轻的创业者纷纷踏足这里，寻找自己的"成长龙珠"。

"杭州为什么能？"人们在追问，也在反思。解码"杭州六小龙"的前世今生，秘密就隐藏在这个城市的基因里，包括厚重的历史、科

---

[1] 是指6家在杭州崛起的科技创新企业，分别是游戏科学、深度求索、宇树科技、云深处科技、强脑科技和群核科技。

学的决策、正确的政策、创新的思维、务实的精神、包容的心态、拼搏的状态、奋进的姿态……

思维始于问题，思维也始于概念。概念，特别是标识性概念的出现和使用，都是具有特殊意义的。"杭州六小龙"的概念，出现于2024年底2025年初。2025年1月9日，《打响"创新浙江"品牌当头炮——"杭州六小龙"引发"神秘东方力量"》在《浙江日报》发表。"杭州六小龙"在海内外"出圈"走红，被称为"神秘的东方力量"。2025年1月中旬，在浙江两会期间，杭州市委副书记、市长姚高员接受中央广播电视总台专访时，曾回应这一现象："不管叫'几小龙'，杭州将坚定不移推进创新活力之城建设。"聚焦"创新活力"，可谓一语中的！

"杭州六小龙"，在各自领域内取得了显著的成就，成为科技界的明星企业。

游戏科学，以开发高品质3A游戏而闻名，其代表性作品是《黑神话：悟空》。这款游戏以《西游记》为背景，凭借精美的画面、丰富的剧情和创新的游戏机制，在全球范围内引起了巨大轰动，并斩获了TGA（The Game Awards）2024"年度最佳动作游戏"和"玩家之声"两项大奖。

深度求索，是一家专注于开发先进大语言模型及相关技术的公司，它开发的DeepSeek-V3模型以极低的算力和GPU（图形处理器）芯片数量训练出了性能超越GPT-4o的大模型，总训练成本仅为557.6万美元，被誉为"AI（人工智能）界的拼多多"。美国著名主持人乔恩·斯图尔特甚至花式夸赞DeepSeek：我们竟然被DeepSeek干趴下了。哪有AI公司这么实在？居然用功能来取名。不是说好了随便编个字母缩写吗？像GPT和Grok这种糙名，DeepSeek这个名字也太直白了，中国连取名都甩我们几条街！

游戏科学研发的国产 3A 游戏《黑神话：悟空》的宣传海报
中新图片 / 陈玉宇

宇树科技，专注四足机器人研发与生产，其 B2-W 机器狗展示了卓越的稳定性和平衡性，能够完成翻山、涉水、跳高和负重载人等复杂动作。它灵敏的反应，俨然是机器狗中的"特种兵"。演示视频被特斯拉及 SpaceX 创始人马斯克转发后引发全球轰动，让不少海外人士感受到了来自东方神秘力量的震撼。

云深处科技，主要从事机器人技术研发与应用，其绝影 X30 机器人成功进入新加坡电力系统进行巡检，成为中国机器人走进海外电力系统的"第一单"。

强脑科技，在脑机接口领域领先，与马斯克的 Neuralink 并列，成为全球第二个融资超过 2 亿美元的脑机接口公司，并实现了全球首个便携式高精度脑机接口产品 10 万台量产。

中国大模型 DeepSeek（深度求索）在数学、编程和推理等关键领域的表现能与 OpenAI 的 ChatGPT 媲美，引发了海内外市场关注　中新图片 / 陈玉宇

　　群核科技，专注于智能家居设计软件开发，其"酷家乐"软件拥有超过 3.2 亿个 3D 模型，平均每月活跃访问者达 7780 万，是目前全球最大的室内场景认知数据集。

　　这些企业，在科技创新方面取得了显著成就，不仅在国内市场占据重要地位，也在国际上赢得了广泛的关注和认可。被誉为"数字之城"的杭州为这些企业的发展提供了肥沃的创新土壤和良好的政策支持。

　　过去，一谈到杭州，就有人褒贬其产业布局先天不足，抱怨其过于倚重互联网和数字经济，缺乏真正的硬科技创新，等等。今天，杭州的传统叙事遭到挑战，风起于青蘋之末，新的苗头和迹象已经在酝酿中。当以"杭州六小龙"的创办者为代表的人才在杭州聚集之后，创业者的气质也正在悄然发生转变。也许，发达的市场经济是最好的催化剂。他们所创立的企业也很早就有了以全球视野来定位自己坐标的自觉，他们不愿做追随者，而是积极参与全球技术的前沿创新，并把自己擅长的事情做到极致。科技创新，是一件"广种薄收"的事情，他们无法在创业伊始就让人们看懂、看到他们要做什么。但无论如何，这些人在真正享受成功的喜悦之前，都没有让自己倒下。也许可以说，杭州以及浙江的商业氛围既给予了这些创业者一腔热血的激情，也给予了他们非常务实的品格。这也是他们能够一步步做大并被外界看到的原因。这是创业者自主发生的创新。

杭州地方政府擘画的产业发展重点也在变化，大量的资金资源投入 AI、机器人、智能网联汽车、低空经济、量子传感、零磁医疗装备和新型储能等未来产业。仅以通用人工智能产业为例，杭州出台政策，参数量超过千亿，经权威第三方评测机构评测，性能达到国内领先的通用大模型，都能得到训练成本补助。政府还大力推动算法模型与应用场景对接共建。民间庞大的资金实力也为创业创新带来了发展后劲。它和人才、市场环境一起构成了比较全面的综合实力。

"杭州六小龙"能，在很大程度上得益于杭州早早跳出"产业舒适区"，将战略重心聚焦科技创新这一"难而正确的事"上。

"杭州六小龙"能，成为浙江民营经济活力的最新写照，其中一个关键点，就是政商关系。正是因为浙江持续积极探索构建亲清政商关系，以制度发力深化"亲""清"导向，以主动服务推进"亲""清"有感，以文化培育涵养"亲""清"风尚，为民营企业成长壮大提供沃土，也为经济高质量发展打下坚实基础。2016年，习近平总书记在参加全国政协十二届四次会议民建、工商联界委员联组讨论时，提出构建新型政商关系，并阐明：概括起来说就是"亲""清"两个字。当年，浙江便出台了《关于构建新型政商关系的意见》，对规范领导干部行为提出8个"严禁"，对规范非公经济人士行为提出5项"不"为，厘清政商交往界限。2023年，习近平总书记在参加全国政协十四届一次会议民建、工商联界委员联组会时指出："要把构建亲清政商关系落到实处，为民营企业和民营企业家排忧解难，让他们放开手脚，轻装上阵，专心致志搞发展。"多年来，浙江以制度体系强化导向，让营商环境的"亲""清"底色愈加浓厚，围绕"亲而有度、清而有为"打好主动服务牌，让亲清政商关系更加普惠可感。

杭州深谙"有为"和"不为"之道，给予企业真金白银的支持，"无事不扰、有求必应"，帮助各个"取经人"消除"妖魔鬼怪"。例如，"宇树科技"在耗尽融资却仍未实现产品交付时，正是一笔来自杭州的关键融资，让其得以起死回生。除此之外，杭州也在构建雨林式创新生态过程中主动把工作做到前面。杭州云深处科技有限公司综合主管马转转说："他们在征求我们意见的基础上处理了很多接待和邀请，甚至代为介绍，非常体谅我们。平时我们有需求可以很快获得反馈，政府工作人员上门也是办完事就走，不用操心吃饭接待。"马转转还曾发出这样一条"朋友圈"："希望各地多向杭州政府学习，多帮企业搞业务帮企业发展，少打扰企业。"亲而有度，清而有为。这就是杭州为什么能，这就是"杭州六小龙"为什么能的一个向度。

创新创业，杭州拥有战略定位、营商环境、人才吸引、民营企业发展、阿里系影响、国际化视野、青年友好城市气质、科技创新投入、创新生态环境构建以及开放包容的创业氛围等多方面的综合优势。这就是杭州为什么能，这就是"杭州六小龙"为什么能的答案！正是因为如此，杭州不止拥有"六小龙"。

第一章

# 心系浙江,情牵杭州
## ——思想引领

时代是思想之母,实践是理论之源。

思想是行动的先导,理论是实践的指南。

新征程是充满光荣与梦想的远征。蓝图已经绘就,号角已经吹响。

新征程是充满探索与创新的远征。云帆已经高挂,杭州已经启航。

## 第一节
## 民之所盼，政之所向：
## 为民办实事

改革开放以来，浙江诞生了多个全国第一，诸如中国第一个农民包飞机、中国第一张个体工商执照、中国第一个股份合作制企业、中国第一个私营企业条例……所有这些"全国第一"，彰显了浙江人民"敢为天下先"的探索、创新精神。

2002年10月至2007年3月，在中国改革开放史上，是一个特定且引人注目的时期。这4年半，习近平同志从福建调任浙江省委副书记、代省长和省委书记。这4年半的工作历程，在习近平同志的地方领导实践中具有关键性的意义。这不仅在于他作为省委书记全面领导了浙江这样一个经济发达省份的工作，更在于他全面、深入贯彻党的创新理论特别是科学发展观和党的路线方针政策，紧密结合浙江实际，提出并落实了作为浙江省域治理总纲领和总方略的"八八战略"，对浙江发展作出了全面规划和顶层设计，为浙江转型发展和长远发展奠定了坚实基础，也成为习近平新时代中国特色社会主义思想形成的重要理论准备和实践准备。习近平同志在领导浙江转变经济增长方式、建设先进制造业基地、提高对内对外开放水平、统筹城乡发展和区域发展、创建生态省、建设法治浙江和平安浙江、建设文化大省、推进民生实事落地见效、加强党的建设等方面的思考和实践中，充分展现了高超的思想理论水平和战略决策水平、突出的政治领导能力和组织协调能力，也充分展现了他真挚朴实的为民情怀和深入务实的工作作风。

心系浙江，情牵杭州。在浙江工作期间和离开浙江后，习近平同志曾50多次到杭州考察调研，对杭州经济社会发展、党的建设等各项工作提出具体要求，给予科学指导。一张蓝图绘到底，一任接着一任干。绵绵用力二十载，久久为功铸辉煌。浙江省委和省政府、杭州市委和市政府始终坚持把学习贯彻习近平新时代中国特色社会主义思想与学习贯彻习近平总书记对浙江、杭州工作的重要指示批示精神贯通起来，把深化实施"八八战略"与杭州数字发展融汇起来，探索出一条独具江南特色的中国式现代化城市发展道路，使习近平新时代中国特色社会主义思想在杭州这座"硅谷天堂"成功落地生根、开花结果。

## 一、答卷之一：构筑"防疫大堤"

杭州市小营巷，这条205米长的巷子，又称"红巷"。1958年1月5日，毛泽东亲临这里察看居民卫生工作，极大地鼓舞了杭州市民"消灭四害、卫生防病"的积极性，轰轰烈烈的爱国卫生运动渐入高潮。时至今日，这里依然是全国的旗帜和标杆——先后4次获评全国卫生单位称号，并被世界卫生组织授予"健康社区"称号。

2003年12月19日，在毛泽东同志诞辰110周年和视察杭州市小营巷卫生工作46周年纪念日前夕，"爱国卫生运动座谈会"在小营巷召开。在这条小巷中，"爱国卫生"已经从一句口号变为一种纽带，联结着一代又一代人。在这次座谈会上，习近平同志提出了"没有人民的健康就没有全面的小康""办实一件事，赢得万人心"的重要论断。他要求努力建设全覆盖、高效率、现代化的公共卫生体系，构筑保障人民群众身体健康的"防疫大堤"。随后，浙江在全国率先提出建设

"卫生强省"的战略目标。

2004年，杭州市贯彻落实"卫生强省"战略，深入探索建设健康城市的可行性。自2008年起，杭州市探索建立了由杭州市委、市政府、人大、政协四套班子五位分管领导担任正副组长，市政府分管副市长兼任办公室主任，16个区、县（市）主要领导和66个市级责任单位主要负责人为成员的健康城市建设工作组织领导体系。2013年，设立了专门工作机构——健康城市指导中心，负责组织全市健康城市建设技术指导工作。2017年，成立了由市委书记和市长为双组长，由各地、各部门"一把手"组成的健康杭州建设领导小组，健康城市建设的顶层设计日趋完善，并先后制定、印发了《杭州市建设健康城市三年行动计划（2008—2010）》《健康杭州"十二五"规划（2011—2015）》《"健康杭州2030"规划纲要》《杭州市建设健康城市"十三五"规划》等。

多年来，杭州市持续推进健康城市建设。2023年10月，杭州市印发《健康杭州三年行动计划（2023—2025年）》，计划到2025年基本建成具有杭州特色的健康治理体系，在浙江省率先实现健康治理体系和治理能力现代化，基本实现健康中国示范区目标等。截至2025年初，杭州市积极推动爱国卫生与健康城市建设取得新成绩新成效。杭州市在2024年度健康浙江建设考核中荣获第一名，健康城市建设经验在全球健康论坛上宣传推广；国家级健康企业建设优秀案例和特色入选数量位列全国第二；连续5年在全国公共健康治理能力排行榜名列榜首，连续5年被"清华城市健康指数"评价为引领级城市；5个区县在2023年度健康浙江考核中跻身全省前十；全市居民健康素养水平再创历史新高，达到46.52%，位居全国前列、全省第一，人民群众的幸福感获得感不断提升。

## 二、答卷之二：每年办好 10 件事

民生无小事，民生连着民心。2004 年 2 月 24 日，习近平同志主持召开浙江省委常委会，专题听取杭州市推进城市化工作汇报，研究杭州城市化发展战略问题。他强调，要致力于提高人民群众生活水平，切实维护失地农民利益，不断改善居民居住条件，进一步完善促进就业的各项政策和市场化就业机制，重点做好下岗失业人员的就业再就业工作。2004 年 2 月，杭州市第十届人民代表大会第四次会议上的政府工作报告强调，各级政府、各级领导要牢固树立执政为民思想，坚持以人为本，把群众根本利益放在首位，切实办好实事工程。该政府工作报告列出了市政府将重点抓好的以下 10 件实事。

1. 完成彭埠入城口改造。通过综合整治，提高沪杭高速公路彭埠入城口的通行能力，提升城市形象。

2. 进一步开发就业岗位。全市新增就业岗位 13 万个，实现失业人员再就业 11 万名，其中就业困难人员 3.5 万名。

3. 建立覆盖全市的失地农转非人员就业援助和社会保障制度。实施就业援助和失业保险办法，扶持农转非人员转向第二、第三产业就业；对劳动年龄段内的农转非人员，实施基本养老保险；将农转非人员纳入城镇基本医疗保险参保范围；对低于城镇居民最低生活保障标准的农转非人员家庭，实行城镇居民最低生活保障。

4. 构筑城市街面电子监控系统。在城区繁华道路、复杂地段、重点部位建设电子监控点 600 个，进一步提高城市的打防控能力，震慑犯罪，增强人民群众的安全感，打造"平安杭州"。

5. 启动实施"10 万家庭网上行"计划。年内对 300 个社区 1.5 万

景色美丽的杭州市西溪国家湿地公园　中新图片 / 周方玲

居民进行信息化培训；完善"中国杭州"政府门户网站和"96345"市民信息服务平台，大力推广应用市民邮箱，为市民提供相关信息服务。

6. 推进城区无障碍设施建设。完成50条城市道路、100处公共建筑、10个大型城市广场（公园）的无障碍设施改造，居住区和居住小区无障碍设施改造率达到30%，构筑一个"有爱无碍"的人间天堂。

7. 实施背街小巷道路综合整治。结合市容街景洁化、亮化、美化，完成60条小巷整治改造工程。推进平路建厕工程，新改建公共厕所40座，新增移动式厕所200座。

8. 继续实施城区扩绿工程。完成500万平方米的扩绿任务，其中新建公共绿地100万平方米，在中心城区建成5000平方米以上公共绿地12块。

9. 加快全民健身设施建设。重点抓好"十里琅珰"景点全民健身道、150个健身苑（点）、市国民体质监测中心和各区、县（市）国民体质监测站及8片老年门球场等工程建设。

10. 建设大学毕业生人才公寓。建设10万平方米大学毕业生人才公寓，为构筑人才高地、创业在杭州提供保障。

务实功，出实招，求实效。此后10余年，杭州市一直坚持实施每年为人民办10件实事的民生工程。

### 三、答卷之三：办实事的长效机制

在经济社会快速发展的条件下，为了满足浙江人民群众日趋多元多样的诉求，2004年5月，浙江省委十一届六次全会以建设"平安浙江"、促进社会和谐稳定为主题，把为民办实事作为平安和谐建设的聚焦点和着力点，提出"深入开展多种形式的扶贫帮困活动，切实保护和关心低收入阶层、困难群众的利益，努力形成为民办实事的长效机制"。同年10月，浙江省委、省政府在全国率先出台《关于建立健全为民办实事长效机制的若干意见》，全面系统提出就业再就业、社会保障、医疗卫生、基础设施、城乡住房、生态环境、扶贫开发、科教文化、权益保障、社会稳定为民办实事10大重点工作领域，明确提出加快建立健全民情反映、民主决策、责任落实、投入保障和督查考评5大工作机制。此后，省委、省政府每年年初都会专题研究为民办实事问题，省政府每年都会在政府工作报告中列出10条或以上的具体年度目标并确保如期完成。

在浙江建立健全为民办实事长效机制的背景下，在出台《关于健全解决事关群众切身利益"七大问题"长效机制的实施意见》的基础上，杭州市始终将"尊重民意"摆在突出位置，确保为民办实事长效机制落地生根。这是在"八八战略"指引下不断回应人民需求、持续创新实践的成果。杭州市政府每年为民办实事的民心工程、德政工程，由此拉开帷幕。

2004年9月9日，习近平同志在杭州市临安区下访接待群众时强调，我们各级领导干部，都是人民的勤务员。我们的责任，就是向人民负责，为群众解难。他打了一个形象的比喻：下访接待群众是考验领导干部能力和水平的大考场，来访群众是考官，信访案件是考题，群众满意是答案。多年来，杭州市临安区始终按照习近平同志下访时的指示精神，坚持在探索、研究中不断创新、深化，健全完善全链条的下访、接待、破难和全领域的预测、预警、预防"四大常态化机制"，打造了良好的信访生态。2019年至2020年，临安区连续两年成功创建全国信访"三无县"。2018年至2020年，临安区连续三年实现全省"无信访积案区"目标。[1]

为民办实事机制实施20多年来，一步一个台阶，一项项民生实事正高质量完成。与往年相比，2024年是杭州市政府民生实事项目最多的一年，"一个都不能少"的覆盖面比往年更广；是民生情最暖的一年，"一个都不能缺"的标准值比往年更高；是共富味最浓的一年，"一个都不掉队"的总导向比往年更实；是参与度最高的一年，"一个都不旁观"的融入感比往年更深。截至2024年12月25日，杭州市政府10方面民生实事整体完成率达到144.3%。[2]

---

1. 参见《这份考卷，临安作答19载》，《浙江日报》2023年7月20日。
2. 参见《2024年杭州市政府民生实事整体完成率达144.3%》，中国新闻网2024年12月27日。

## 四、答卷之四：抓落实，敲钉子

2003年6月，在习近平同志的倡导和主持下，以农村生产、生活、生态的"三生"环境改善为重点，浙江在全省启动"千万工程"，开启了以改善农村生态环境、提高农民生活质量为核心的村庄整治建设大行动。习近平同志亲自部署，目标是花5年时间，从全省4万个村庄中选择1万个左右的行政村进行全面整治，把其中1000个左右的中心村建成全面小康示范村。这项民生工程，被人民群众赞誉为"继实行家庭联产承包责任制后，党和政府为农民办的最受欢迎、最为受益的一件实事"。2024年12月17日至18日，中央农村工作会议在北京召开。会前，中央政治局常委会会议就开好这次会议，做好"三农"工作提出明确要求。习近平总书记对做好"三农"工作作出重要指示，强调要深入学习运用"千万工程"经验，扎实推进乡村建设，繁荣乡村文化，推进移风易俗，建设宜居宜业和美乡村。中央农村工作会议传达学习了习近平总书记重要指示，强调要聚焦学习运用"千万工程"经验、推进乡村全面振兴，集中力量抓好办成一批重点实事，千方百计推动农业增效益、农村增活力、农民增收入；强调要加强党对"三农"工作的全面领导，推动学习运用"千万工程"经验走深走实，健全推进乡村全面振兴长效机制。

2006年12月6日，习近平同志用笔名"哲欣"在《浙江日报》"之江新语"专栏发表题为《抓落实如敲钉子》的文章。他以钉钉子作比指出："抓落实就好比在墙上敲钉子：钉不到点上，钉子要打歪；钉到了点上，只钉一两下，钉子会掉下来；钉个三四下，过不久钉子仍然会松动；只有连钉七八下，这颗钉子才能牢固。"[1]2007年1月5日，习近平同志在《为民办实事旨在为民》一文中强调，"领导干部一年忙到头，根本的宗旨就是为人民服务。完善和落实为民办实事的长效机制就是忙到了点子上"[2]。杭州市将狠抓落实和钉钉子精神结合起来，采取了一系列有力有效的措施，从为企办实事、残疾人社会化照护，到保障性租赁住房供给、老年助餐服务……杭州市为民办实事的模式不断发展完善。

中国式现代化，民生最大。民生工程，不是涂脂抹粉的表面工程。民生工程，不仅是锦上添花，更多是解决群众急难愁盼问题、是雪中送炭。杭州市连续20多年不折不扣落实重要指示，不断推进创新实践历程，生动体现了"为民办实事"的民生情怀和施政理念，谱写了市委、市政府持续推动民生工程建设的绚丽篇章。

---

1. 习近平：《之江新语》，浙江人民出版社2007年版，第241页。
2. 习近平：《之江新语》，浙江人民出版社2007年版，第245页。

## 第二节

## 从"八八战略"到"硅谷天堂"

改善民生是发展的助推器,发展是解决民生问题的总钥匙。党的二十届三中全会通过的《中共中央关于进一步全面深化改革、推进中国式现代化的决定》提出"在发展中保障和改善民生是中国式现代化的重大任务"。自 2003 年 7 月习近平同志提出"八八战略"以来,浙江省始终将该战略作为浙江发展的总纲领,对浙江经济结构调整和产业升级产生了深远影响。"八八战略",源于浙江,属于全国,分享于世界,具有重要的理论和实践指导意义。

### 一、"八八战略"与"数字浙江"的提出

大潮起钱塘,大道汇之江。

世纪之交的浙江,经过改革开放以来的发展积累,处于经济大发展、社会大转型的关键时期,正面临"成长的烦恼":加快破解传统发展方式难以为继、城乡区域差距进一步拉大等问题。在浙江工作期间,习近平同志充分调研,摸清省情,厘清思路,为浙江发展作出了"发挥八个方面的优势""推进八个方面的举措"重大决策部署。

2003 年 7 月 10 日,习近平同志在浙江省委十一届四次全体(扩大)会议上,系统阐释了浙江发展的"八个方面优势"和"八个方面

举措"。其中,"八个方面优势"回答了认识论层面"怎么看"的问题,"八个方面举措"回答了实践论层面"怎么办"的问题。该战略的主要内容:一是进一步发挥浙江的体制机制优势,大力推动以公有制为主体、多种所有制经济共同发展,不断完善社会主义市场经济体制;二是进一步发挥浙江的区位优势,主动接轨上海,积极参与长江三角洲地区合作与交流,不断提高对内对外开放水平;三是进一步发挥浙江的块状特色产业优势,加快先进制造业基地建设,走新型工业化道路;四是进一步发挥浙江的城乡协调发展优势,加快推进城乡一体化;五是进一步发挥浙江的生态优势,创建生态省,打造"绿色浙江";六是进一步发挥浙江的山海资源优势,大力发展海洋经济,推动欠发达地区跨越式发展,努力使海洋经济和欠发达地区的发展成为浙江经济新的增长点;七是进一步发挥浙江的环境优势,积极推进以"五大百亿"工程为主要内容的重点建设,切实加强法治建设、信用建设和机关效能建设;八是进一步发挥浙江的人文优势,积极推进科教兴省、人才强省,加快建设文化大省。

"八八战略",系统回答了其时浙江"爬坡过坎、转型发展"的时代之问。"八八战略"源于实践,同时又指导实践。"八八战略",是一个高瞻远瞩的重大部署,成为省域长远发展的全面规划和顶层设计;是一个影响深远的重大战略,引领浙江实现全方位、系统性、深层次的精彩蝶变。

2023年5月27日,"八八战略"实施20周年理论研讨会在杭州召开。研讨会紧紧围绕"八八战略"在之江大地的生动探索与实践,深刻总结了浙江忠实践行"八八战略"所发生的历史性变革,研究完善以年度评估为标志的"八八战略"抓落实机制。

20年间,浙江地区生产总值从2002年的0.8万亿元跃升到2024年的9.01万亿元，民营经济金字招牌擦得更亮，拥有中国民营企业500强107家，居全国第一。

20年间，浙江积极融入长三角地区发展建设，加快外贸强省建设，积极拓展国际国内市场，培育外贸竞争新优势，优化外贸结构，促进品质升级、品牌升级，推动一系列开放平台能级再提升。

20年间，浙江坚定不移推动传统产业改造提升，推进"亩均论英雄"，迭代实施"腾笼换鸟、凤凰涅槃"攻坚行动，积极推动高能级创新平台建设，拥有国家制造业单项冠军企业达到233家、专精特新"小巨人"企业1801家、专精特新中小企业1.2万家。

20年间，浙江城乡居民人均可支配收入持续居全国省区第一位，城乡居民收入倍差从2.37缩小到1.9，是全国倍差最小的省区。公共服务更加优质普惠，最低生活保障标准居各省区第一。

20年间，浙江省控断面优良水质比例从42.9%升至97.6%，实现生活垃圾"零增长"、原生垃圾"零填埋"。浙江始终坚持"绿水青山就是金山银山"理念，生态环境公众满意度连续11年提升，良好的生态环境已成为浙江高质量发展的优势、动力与后劲所在。

20年间，浙江持续推动山海协作不断升级，持续念好"山海经"，推动50个发达县（市、区）结对帮扶山区26个县，通过山海协作引进特色产业项目12000余个、到位资金7400余亿元。

20年间，浙江积极部署机关效能建设工作，实施"四张清单一张网"，传承弘扬"枫桥经验""浦江经验"，浙江基层社会治理建设不断深化，2022年，浙江群众安全感为99.28%，连续多年居全国前列。

20年间，8000多个"15分钟品质文化生活圈"在浙江落地，文化建设成果随处可享。高等教育毛入学率达到66.3%，较20年前增长了46个百分点。浙江不断深化教育改革，创新推进以精神富有为标志的文化发展模式，着力构建城乡一体、区域均衡的高品质公共文化服务体系，取得了良好成效。

............

成就壮美辉煌，经验弥足珍贵。

在"八八战略"的总框架内，习近平同志又全面阐述了"数字浙江"战略，指出："数字浙江是全面推进我省国民经济和社会信息化、以信息化带动工业化的基础性工程。"[1] 2003年9月4日，《数字浙江建设规划纲要（2003—2007年）》出台。该纲要明确提出，建设"数字浙江"的根本目的就是以信息化带动工业化，以工业化促进信息化，实施走新型工业化道路的发展战略，使信息化、工业化、城市化、市场化和国际化的进程有机结合，加速实现现代化。[2] "数字浙江"战略引领浙江率先抓住了数字时代打造发展优势的战略机遇，被作为"八八战略"的一项基础性工作加以谋划实施，鸣响了数字浙江建设的发令枪。

2020年3月29日至4月1日，习近平总书记来到浙江考察，强调要坚持以"八八战略"为统领，干在实处、走在前列、勇立潮头，并赋予浙江"努力成为新时代全面展示中国特色社会主义制度优越性的重要窗口"的新目标新定位。同年11月18日至19日，浙江省委十四届八次全体（扩大）会议在杭州召开，进一步动员全省上下忠实践行"八八战略"，奋力打造"重要窗口"，干在实处、走在前列、勇立潮头，争创社会主义现代化先行省。

---

1. 本书编写组编著：《干在实处 勇立潮头——习近平浙江足迹》，人民出版社、浙江人民出版社2022年版，第74页。
2. 参见《浙江省人民政府关于印发〈数字浙江建设规划纲要〉的通知》，浙江省人民政府网站2012年7月14日。

对于数字经济，浙江积极布局。2021年6月29日，浙江省人民政府办公厅发布了于2021年6月16日成文的《关于印发浙江省数字经济发展"十四五"规划的通知》。该规划明确了自2021年至2035年的主要目标：

到2025年，数字经济发展水平稳居全国前列、达到世界先进水平，数字经济增加值占GDP比重达到60%左右，高水平建设国家数字经济创新发展试验区，加快建成"三区三中心"，成为展示"重要窗口"的重大标志性成果。

建成全国数字产业化发展引领区。数字经济核心产业增加值占GDP比重达到15%，形成数字安防、集成电路、高端软件等具有全球竞争力的标志性产业链和数字产业集群。

建成全国产业数字化转型示范区。建成多元数据融合应用的"产业大脑"，实现百亿元以上产业集群"产业大脑"应用和工业互联网平台全覆盖，产业数字化水平领跑全国。

建成全国数字经济体制机制创新先导区。多元协同、高效善治的数字化治理体系初步形成，公共数据开放、政企数据融合共享、数据资源创新应用水平全国领先，构建高效协同的数字经济系统，形成一批数字化改革创新成果。

建成具有全球影响力的数字科技创新中心。聚焦"互联网+"科创高地建设，形成较为完备的数字科技创新体系，人工智能、未来网络、智能感知等领域自主创新取得重大突破，数字经济领域有效发明专利达到8万件。

建成具有全球影响力的新兴金融中心。打造以杭州国际金融科技中心为龙头的数智金融先行省、以钱塘江金融港湾为核心的国内一流的财富管理高地、以区域金融改革创新为基础的四大金融发展特色带。

建成全球数字贸易中心。推进传统贸易数字化和数字经济国际化，加快在线交易、数字支付和智慧供应链等平台集聚，推动贸易规则、标准、纠纷调处等制度创新，优化数字贸易生态，数字贸易进出口总额达到1万亿元。

到2035年，全面进入繁荣成熟的数字经济时代，综合发展水平稳居世界前列。数字产业竞争力全球领先，数字赋能产业发展全面变革，数据要素价值充分释放，全面形成以数字经济为核心的现代化经济体系，高水平建成网络强省和数字浙江，成为全球数字技术创新、产业创新、制度创新、理念创新重要策源地，为基本实现共同富裕和高水平现代化提供强大支撑。

2023年初，浙江提出实施数字经济创新提质"一号发展工程"，其中杭州是这一工程的"头雁"：数字经济核心产业增加值、营业收入都占全省半壁江山。2023年11月，在杭州举行的第二届全球数字贸易博览会上，来自新华三集团的"百业灵犀"（LinSeer）大模型夺人眼球。通过与AI助手实时互动，观众可以直观地感受到大模型强大的预训练、推理以及提供场景化解决方案的能力。新华三集团在数字人、工业设计、城市监管等场景探索"百业灵犀"的应用，助力政府和企业降本增效。

习近平总书记指出，推进中国式现代化，科学技术要打头阵，科技创新是必由之路。党的十八大以来，浙江省委、省政府积极利用新一轮科技革命和产业变革的历史契机，审时度势深化数字浙江建设。浙江先后被国务院和国家有关部委批准设立首个中国跨境电子商务综合试验区，建设全国首个"两化"深度融合国家示范区和首个国家信息经济示范区。数字经济被浙江省委、省政府作为推动高质量发展的"一号工程"。

从习近平同志在浙江工作期间部署的信息化建设基础性工程，到数字经济创新提质"一号发展工程"，数字经济已然成为浙江高质量发展的重要引擎和突出优势。至2024年，浙江数字经济核心产业增加值突破万亿元，占GDP比重为12.3%，规模以上数字经济核心产业企业突破万家。形成智能物联、高端软件2个万亿级数字产业集群和人工智能、集成电路、智能光伏等特色优势集群。杭州，为这张靓丽的成绩单提供了宽阔平台、作出了骄人贡献。

## 二、数字杭州，硅谷天堂

2003年的杭州，每百户居民家用电脑联入互联网还不到2户。浙江省委、省政府提出的"数字浙江"战略极具前瞻性，让很多人都还有点儿摸不着头脑。曾任《浙江日报》时政记者的周咏南回忆，习近平同志谈到"数据库"，大家不理解，商品、物资有仓库，数据怎么变成仓库呢？习近平同志笑笑说，数据库，你们现在不理解，以后会理解的，经济社会发展都会用得着，而且都会涉及我们每个人。

杭州市委、市政府坚定落实浙江省委、省政府确定的"八八战略"、"数字浙江"战略，进一步加强对经济工作的领导，牢固树立抓住机遇、加快发展的战略思想，不断深化各个方面的改革，积极推进体制机制和科技创新。

2003年，人们曾发问：深圳南山、北京海淀、杭州滨江，谁才是中国硅谷？ 2023年，仍然有人发问：中国三大硅谷，深圳南山、北京海淀、杭州滨江，谁的实力更胜一筹？

今天回溯，其实早在2003年4月，习近平同志在杭州调研时，就已为杭州调整了内涵：过去是"风景天堂""西湖天堂"，下一步是"硅谷天堂""高科技天堂"。[1]"硅谷天堂"，是一种全新的城市气质，重在创新氛围。

2004年9月28日，习近平同志在听取杭州市有关工作汇报时的讲话中指出，杭州要努力打造"天堂硅谷"，在全省进一步发挥示范作用。[2]

2005年12月28日，华为杭州研发中心项目正式签约。2007年4月17日，华为杭州全球研发中心项目正式启动。2014年，杭州在全国率先提出"发展信息经济，推广智慧应用"。2016年，杭州成为中国首批"数字经济"城市之一。

2018年，杭州提出打造全国"数字经济第一城"。同年，来自杭州的考察团在美国波士顿的一间地下室，找到了强脑科技的初创团队。虽然当时脑机结合只存在于科幻电影中，创始团队所制作的模型也比较粗糙，但考察团发现，该团队的技术领先，人才层次高。基于对未来产业的前瞻布局，考察团毫不犹豫地向该团队抛出了橄榄枝，邀请其落地杭州，给予租金减免等优惠，并邀请专家进驻，提供"保姆式"创新服务。

创新是一个久久为功的过程，不能急于求成。做好创新要甘于寂寞，要有"包容十年不鸣，静待一鸣惊人"的战略定力和历史耐心。既要拼命干，又要耐心等；既要肯发力，也要有定力。这就是杭州。

最近几年来，杭州建设"两港五区"（信息港、新药港，国家级高

---

1. 参见本书编写组编著：《干在实处　勇立潮头——习近平浙江足迹》，人民出版社、浙江人民出版社2022年版，第77页。
2. 参见习近平：《干在实处　走在前列——推进浙江新发展的思考与实践》，中共中央党校出版社2006年版，第478页。

新技术产业开发区、国家级经济技术开发区、杭州高教园区、临平工业区、江东工业区），打造"天堂硅谷"的步伐不断加快，相继成为国家信息化试点城市、电子商务试点城市、电子政务试点城市、数字电视试点城市和国家软件产业化基地、集成电路设计产业化基地，涌现出一批在全国知名的大型通信企业、著名软件企业和医药企业。高新技术产业已成为杭州的一大特色和明显优势。树立和落实新发展理念，推动高质量发展，必须切实转变经济增长方式。靠什么转变？最终还是要依靠科技进步和提高劳动者的素质，这是规律使然，是必由之路。谁见事早、反应快、力度大，谁就抓先机、上得快、成效好。杭州现在已经有了一

杭州未来科技城是全国四大未来科技城之一。近年来，杭州未来科技城始终坚持"人才引领、创新驱动、产城融合"发展战略，紧扣产业主平台定位，强力推进科技创新、产业培育、城市建设等各项工作，勇攀发展新高峰。图为杭州未来科技城航拍图
中新图片 / 王刚

个很好的开局和基础,"天堂硅谷"正在成为杭州的一个品牌、一张名片。杭州要发挥示范效应,用好这个品牌,打好这张名片,为推动全省乃至全国的科技事业发展作出积极的贡献。

不知不觉间,杭州"天堂硅谷"的名片深入人心。面向未来,在创新创业的新起点新历程上,杭州谋定建设"天堂硅谷"、打造"硅谷天堂"的高远目标。从"天堂硅谷"到"硅谷天堂",词序先后不同,意义更加深厚。这一目标,更具系统性、更添时代性、更有创造性,旨在实现自身更高质量发展、深化拓展创新创业生态、引领辐射带动跨区域产业共富。

## 第三节

# 有为政府,有效市场

服务型政府,以服务人民为宗旨。建设服务型政府,是党的十六大以后提出的深化行政体制改革、加强政府自身建设的核心目标。贯彻服务型政府的理念,搞好营商环境,是发展一地经济的根本之所在。政府治理得好不好,从根本上说,要看人民群众是不是满意。在 21 世纪初,浙江省政府就开始思索如何构建服务型政府,并围绕这一问题进行了持续探索。杭州市坚定执行浙江省委、省政府相关政策,对如何构建服务型政府不断进行实践探索和创新。

## 一、理念导航:构建服务型政府的浙江思考

为什么构建服务型政府,构建什么样的服务型政府,怎样构建服务型政府,浙江省委、省政府在探索中作出了符合浙江实际的正确回答。

2002 年 11 月 26 日,习近平同志在丽水市调研时的讲话中指出,改善政府服务,努力建设服务型政府,使我们的政策导向既有助于扩大经济总量,又有助于提高经济质量,走出一条良性健康的可持续发展道路。2002 年 12 月 23 日,习近平同志在温州市考察调研时的讲话中指出,积极探索行政管理的有效方式,努力建设服务型政府。要继续研究制定促进民营经济发展的政策,加快建立中小企业服务体系,切实帮助中小企业解决科技创新缺乏技术支撑和企业发展融资难等问

题。要高度重视和认真研究企业外迁、资金外流的问题。深入分析企业外迁、资金外流的利弊。[1] 2003年7月10日，浙江省委十一届四次全会报告明确提出："推进机关效能建设，着力构建服务型政府。"2005年12月19日，习近平同志在全省经济工作会议上的讲话中再次强调，着眼于构建服务型政府，深化行政管理体制改革，转变政府职能，加强机关效能建设。[2] "服务型政府"，在浙江逐渐成为高频词。

与此同时，浙江省初步积累了构建服务型政府的实践经验。2006年1月16日，习近平同志在中央电视台经济频道"中国经济大讲堂"的演讲中指出，我们现在提出要努力建设服务型政府、法治政府、有限政府。特别是推进行政审批制度改革，我们把过去3000多项审批项目减少到800多项，成为全国审批项目比较少的一个省。我们还通过机关效能建设，大大提高了办事效率。审批项目减少了，政府可以腾出更多的精力来搞好服务；市场这只手壮大了，政府又可以转换出更多的职能来把该管的事情管好，把不该管也管不好的事情交给市场。[3]

2006年4月25日，浙江省委十一届十次全会报告强调，要不失时机地深化行政管理体制改革，加快政府职能转变。进一步理顺政府与市场、政府与社会、政府与企业的关系，在抓好经济调节、市场监管的同时，强化政府社会管理和公共服务职能，科学合理设置政府机构，努力建设高效精干、公开透明的服务型政府。全面贯彻《中华人民共和国行政许可法》，深化行政审批制度改革，减少行政许可项目，规范

---

1. 参见习近平：《干在实处　走在前列——推进浙江新发展的思考与实践》，中共中央党校出版社2006年版，第517、490页。
2. 参见习近平：《干在实处　走在前列——推进浙江新发展的思考与实践》，中共中央党校出版社2006年版，第77页。
3. 参见习近平：《干在实处　走在前列——推进浙江新发展的思考与实践》，中共中央党校出版社2006年版，第86页。

行政许可行为，改革行政许可方式。不断深化机关效能建设，积极提高行政效率，真正做到高效便民、诚实守信。强化部门预算制度，建立健全公共财政制度，切实节约行政成本。[1]

2006年，习近平同志在《哲学研究》发表了《与时俱进的浙江精神》一文。该文指出，根据相关统计数据，浙江省居民的稳定感、安全感达到90%以上，人民群众的幸福感进一步增强。大力推进民主法治建设，坚持依法治省，积极转变政府职能，推进行政体制改革和机关效能建设，基层民主政治建设和法治建设得到大力加强。该文还提出："要把诚信作为政府公正公信之源，牢固树立建设信用政府的理念，强化公共服务意识，按照为民、务实、清廉的要求，切实转变政府职能，严格依法行政，真心诚意为民服务，努力增加政务透明度，使政府真正成为法治政府、有限政府和服务型政府，以为民服务的高质量和高效率来取信于民。"[2] 构建服务型政府，具有坚实的学理支撑。

在实践中，浙江省不断根据新发展新变化创新服务型政府理念。2014年，浙江率先推进"四张清单一张网"简政放权改革，即通过建立政府权力清单、责任清单、企业投资负面清单、省级部门专项资金管理清单，建设浙江政务服务网。2014年6月25日，"一张网"——浙江政务服务网正式运行，这也是全国首个省、市、县一体化在线政务服务平台。同年8月，其手机客户端应用"浙里办"上线。10余年来，"浙里办"的演进轨迹正是浙江以数字化建设实现治理现代化的缩影。迄今，"浙里办"已成为汇聚1.3亿注册用户的政务服务数字平

---

1. 参见习近平：《干在实处　走在前列——推进浙江新发展的思考与实践》，中共中央党校出版社2006年版，第366—367页。
2. 习近平：《与时俱进的浙江精神》，《哲学研究》2006年第4期。

台，成为发挥改革赋能倍增作用、整合公共服务、社会服务和市场服务功能的重要载体，成为一扇重要的观察窗口。据统计，2024年，群众通过"浙里办"向浙江省"民呼我为"平台反映的事项达82.34万件次。[1]"浙里办"，推动政务服务向更深更广维度扩展，正在演绎"有呼必应"双向奔赴的精彩叙事。"我们要做的，始终是从政府视角转为人民视角，从管理视角进化为服务视角。"浙江省数据局相关负责人如是说。

## 二、"最多跑一次"：服务型政府的杭州样本

在浙江省委、省政府的领导下，杭州市不断探索推进服务型政府建设，逐步完成了从审批型政府到服务型政府的转变。2005年3月21日，杭州市行政服务中心正式成立，当时集中了19个市级部门、中心和单位，主要办理建设土地交易、产权交易等业务。2008年，杭州推出了"代办制"，这是当年的重点工作。2009年10月18日，杭州成立"市民之家"，并在全国率先实现周末办事。2010年，杭州市开始起步探索线上和线下相结合的行政服务中心和市民之家。

2016年，浙江省委经济工作会议首次提出"最多跑一次"改革。2017年，浙江发布《加快推进"最多跑一次"改革实施方案》。2018年11月30日，为了提高行政效能，优化营商环境，建设人民满意的法治政府和服务型政府，浙江省十三届人大常委会第七次会议审议通过《浙江省保障"最多跑一次"改革规定》。该规定对减少办事环节、

---

[1] 参见《"龙"腾杭州的背后——"浙里办"赋能浙江营商环境观察》，新华网2025年3月2日。

整合办事材料、缩短办事时限、减免办事费用、优化办事流程、提高办事效率等，作了详细规定。

"最多跑一次"的底气，离不开数字技术的加持。2021 年，浙江启动数字化改革，构建"1612"[1] 体系架构，夯实"平台 + 大脑"智能底座，打造"改革 + 应用"重大成果，以数据流整合决策流、执行流、业务流，推动各领域工作体系重构、业务流程再造、体制机制重塑。2023 年以来，浙江大力实施营商环境优化提升"一号改革工程"，以政务服务增值化改革为牵引，持续推动营商环境走在全国前列。

根据浙江省委、省政府的部署，杭州也进行了相应的改革。2018 年，杭州市落实《浙江省保障"最多跑一次"改革规定》，进行了相应探索。2018 年 12 月 28 日，中央备案通过，浙江省委、省政府批复《杭州市机构改革方案》。杭州市委十二届五次全会传达学习《杭州市机构改革方案》，研究了贯彻落实方案的意见。2019 年 1 月 3 日，杭州市委、市政府召开全市机构改革动员大会，对推进机构改革作了动员部署，这标志着杭州市机构改革进入全面实施阶段。通过建立"政企会商"机制，既保证政府服务的温度，又守住政商交往的底线；既确保政策制定的科学性，又保障企业诉求的有效传递，有力提升了政商关系的透明度和信任度。

杭州的"最多跑一次"改革，同样离不开数字城市建设。2020 年 3 月 31 日，习近平总书记在浙江考察时来到杭州城市大脑运营指挥中心。他观看了"数字治堵""数字治城""数字治疫"等应用展示，对杭州市运用城市大脑提升交通、文旅、卫健等系统治理能力的创新成

---

1. 第一个"1"指一体化智能化公共数据平台（平台 + 大脑），"6"即党建统领整体智治、数字政府、数字经济、数字社会、数字文化、数字法治六大系统，第二个"1"指基层治理系统，"2"指理论体系和制度规范体系。

果表示肯定。习近平总书记指出，运用大数据、云计算、区块链、人工智能等前沿技术推动城市管理手段、管理模式、管理理念创新，从数字化到智能化再到智慧化，让城市更聪明一些、更智慧一些，是推动城市治理体系和治理能力现代化的必由之路，前景广阔。[1]

城市大脑，是建设"数字杭州"的重要举措。在政务服务创新方面，杭州市通过整合审批流程、优化服务供给，实现企业办事"最多跑一次"；通过建立"诚信档案"和"服务评价"体系，形成政府服务的闭环管理，确保"有求必应"不流于形式。今天，杭州"最多跑一次"事项覆盖率达到100%，政务服务满意度连续多年位居全国前列。通过建立"市长直通车""企业服务专员"等机制，实现对企业诉求的快速响应和精准服务。针对企业普遍反映的政策兑现难问题，杭州推出"惠企政策即时兑"机制，基于数字化手段实现政策"免审即享"。[2]

从最初的让企业和群众"门好找、脸好看"，到现在的"网上办、掌上办"，从"四单一网"到"最多跑一次"，再到数字化转型，甚至一次也不用跑，杭州始终走在行政审批服务改革的最前沿。从"企业找政策"到"政策找企业"，杭州构建服务型政府的实践经验表明，一个地区要发展经济、吸引投资、促进创新，必须具有"店小二"式的服务意识，给予创新创业人才尊重和支持，"精准滴灌、有需必达"，做好陪跑工作，把为人民办实事的服务型政府的理念深入细致地落实到工作的各个层面、各个环节。

---

1. 参见中共中央党史和文献研究院编：《习近平关于城市工作论述摘编》，中央文献出版社2023年版，第114—115页。
2. 参见《从"杭州六小龙"看培育新质生产力需要怎样的监管与服务》，上观新闻2025年2月18日。

第四节

# 从一方平安到长治久安：
# 平安杭州

马上相逢无纸笔，凭君传语报平安！平安，是一座城市写给这片土地上的人们最真挚又浪漫的"家书"。对于杭州，亦是如此，或更是如此。发展是杭州的底气，平安是杭州发展的底色。杭州把平安建设贯穿高质量发展全过程，闯出一条新时代超大城市现代化发展新路子。2023年，杭州被确定为第一批"全国市域社会治理现代化试点合格城市"。"平安杭州"建设，促进了高质量发展和高水平安全良性互动，为杭州现代化发展保驾护航，向世界展现了"中国之治""中国之智"。

## 一、从"平安中国""平安浙江"到"平安杭州"

"平安是老百姓解决温饱后的第一需求，是极重要的民生，也是最基本的发展环境。"[1]念兹在兹，习近平总书记情牵心系，从党的十八届三中全会提出"全面推进平安中国建设"到党的二十大确定"建设更高水平的平安中国"，以习近平同志为核心的党中央一以贯之、锲而不舍地推进整体的、协同的、多维度的平安中国建设。

---

1. 中共中央党史和文献研究院编：《习近平关于尊重和保障人权论述摘编》，中央文献出版社2021年版，第72页。

2021年3月,《中华人民共和国国民经济和社会发展第十四个五年规划和2035年远景目标纲要》提出,统筹发展和安全,建设更高水平的平安中国。

2025年2月28日,二十届中共中央政治局就建设更高水平平安中国进行第十九次集体学习。习近平总书记在主持学习时强调,建设更高水平平安中国,事关事业兴旺发达、事关人民美好生活、事关国家长治久安。要坚定不移贯彻总体国家安全观,在国家更加安全、社会更加有序、治理更加有效、人民更加满意上持续用力,把平安中国建设推向更高水平。

平安中国建设,萌芽于浙江省"大平安"建设理念。[1]2004年,浙江省委以"八八战略"为引领,高瞻远瞩擘画实施平安浙江建设战略,开启了平安中国建设省域先行之路。习近平同志深刻指出:"我们提出的'平安',不是仅指社会治安或安全生产的狭义的'平安',而是涵盖了经济、政治、文化和社会各方面宽领域、大范围、多层面的广义'平安'。"[2]"平安浙江"建设,是包括政治安全、经济安全、治安安全、生产安全、公共安全、生态安全以及人民群众安居乐业在内的"大平安"建设体系。

在杭州,人、企、车、物等要素高度聚集,"强省会"效应不断增强,面临的社会治理挑战和考验前所未有。杭州沿着习近平总书记指引的正确道路和前进方向,紧紧围绕党中央和浙江省委关于平安建设和社会治理的一系列重要决策部署,聚焦国家安全、社会安定、人民

---

1. 参见《从"平安浙江"到"更高水平的平安中国"》,《浙江日报》2023年9月25日。
2. 习近平:《之江新语》,浙江人民出版社2007年版,第119页。

安宁、网络安全,先后出台《关于固化应用G20杭州峰会维稳安保经验和工作机制十条意见》《杭州市固化亚运经验建立重大活动维稳安保工作体系》等文件,不断迭代城市治理理念,构建"大平安"格局,完善治理体系,统筹经济和平安,维护社会大局稳定,完成了一系列重大活动的维稳安保任务。

在组织体系方面,杭州市各级党政主要领导以上率下,各级党组织和全体党员干部积极参与,平安建设领导小组"一办九组"各司其职;杭州各部门各行业紧密结合工作实际,广泛组织动员群众,共同维护社会大局安全稳定。在基层治理体系方面,平安建设向社会最小网格延伸,共建共享、群防群治的基础不断夯实。2004年,杭州市长庆街道王马社区诞生了全国第一个楼道党支部,一批老党员自发参与基层社会治理工作,成为平安建设群防群治的"领头雁"。近几年,"武林大妈""西子义警"等平安志愿者和基层力量深入街头巷尾,参与风险排查、街面巡防、治安整治、交通劝导、纠纷调处等工作。

杭州市还首创"小脑+手脚"基层治理工作体系,以非警务类警情分流为切入点,在全市191个乡镇(街道)推广构建以综合指挥室为"小脑",以社会综合治理、矛盾纠纷调解、村社网格队伍等力量为"手脚"的"小脑+手脚"警网协同基层治理工作体系,推动矛盾纠纷实质性化解。"平安不平安,老百姓说了算",把人民满意作为第一标准,围绕人民关切和"急难愁盼",杭州平安在坊间可触可感可及。

杭州,从"小而美"的西湖时代跨入互联网经济迅速腾飞的钱塘江时代,从G20杭州峰会到杭州亚运会成功举办,向全世界展示了活力无限、和谐有序的中国气派,行稳致远、长治久安的中国道路。

## 二、数字赋能平安杭州新模式

杭州是数字经济之城,互联网、大数据、云计算、人工智能等技术成为推动平安杭州建设的关键变量和最大增量,强大的数智引擎助力打造法治化营商环境。

围绕浙江省"一号发展工程",依托"数字经济第一城"技术优势,由杭州市委政法委牵头,先后推出"统一地址库""平安督""平安法治实时报表""全域数字法治监督体系"等应用场景,形成"一屏统揽、两端发力"数字赋能平安杭州新模式,实现了数据汇聚上多跨融合,治理标准上多跨整合,实战应用上多跨联合。[1]

杭州智慧应用与数字平台不断升级。例如,发挥互联网司法先行优势,挂牌成立全国首个杭州互联网法院、全省首家互联网仲裁院,实施"法护营商"六大工程,推出"法惠杭企"系列活动;大力推进"共享法庭"建设,率先实现"共享法庭"镇街、村社和主要行业组织全覆盖;挂牌成立杭州国际商事法庭,上线运行"数智国商"系统及中英文网站,进入"营商环境微改革省级项目库",并获评"杭州自贸片区2023年第一批改革试点经验"。近几年,杭州还积极探索AI技术的应用,不断探索以智能化提升基层治理水平的新路径,为未来杭州市优化数字赋能政务服务提供了新助力。

在平安杭州建设中,杭州2023年GDP跨越2万亿元大关,浙江有了第一座"两万亿之城",为中国贡献了一座新的"两万亿之城",

---

1. 参见《"平安杭州"二十年 守护全民幸福感》,《浙江日报》2024年4月26日。

经济大省为全国大局作出了新的贡献。"站上 2 万亿"新平台,是杭州统筹经济高质量发展与城市内涵式发展的必然结果,为中国经济光明论提供了一个最生动的注脚。同时,杭州到 2024 年已连续 18 年蝉联中国最具幸福感城市,人民群众获得感、幸福感、安全感持续增强。

第二章

# 从"八八战略"到"数字浙江"
## ——政策创新

创新是引领发展的第一动力。抓创新就是抓发展，谋创新就是谋未来。不创新就要落后，创新慢了也要落后。

创新，始终是推动一个国家、一个民族向前发展的重要力量。

创新，是浙江的最大底色。

创新，是杭州的最大亮点。

杭州创新的力量来自何方？

"杭州六小龙"现象的魅力究竟何在？

"为什么是杭州？""为什么不是自己？"全国各地都在热议。

真正的创新策源地，需要产业链的代谢共生而非简单集聚，需要政策环境的温润空气而非定向灌溉，需要文化基因的持续进化而非路径依赖。

归根到底，是杭州的创新体系和创新生态使然。

"我负责阳光雨露，你负责茁壮成长。"杭州，就这样用一系列贴心且精准的政策，培育了创新发展的优质生态，结出了创新发展的累累硕果。

第一节

## 践行"八八战略":
## 打造数字经济第一城

在全国,浙江省较早意识到发展大数据产业的重要性,是数字经济先发地。杭州作为数字经济时代的"先行者",深入贯彻落实"八八战略",全面推进数字经济发展,志在打造且已经打造出数字经济第一城,为浙江省乃至全国的"新经济"发展提供了鲜活的"杭州样本"和"杭州经验"。

### 一、浙江数字经济"一号工程"

早在 2000 年,习近平同志就以政治家、战略家的远见卓识、超前思维和长远谋划,作出了建设"数字福建"的部署,明确提出"数字化、网络化、可视化、智能化"的建设目标,开启了福建大规模推进信息化建设的进程。今天看来,"数字福建"是习近平同志在福建工作时亲自开创并大力推动实施的重大战略,是数字中国战略的思想源头和实践起点。调到浙江工作后,习近平同志就于 2003 年启动了"数字浙江"建设。到 2014 年初,浙江省进一步把以互联网为核心的信息经济列为支撑未来发展的万亿级产业之首,其中就包含了对大数据、云计算产业的积极谋划、超前布局。

2015 年 8 月,国务院印发《促进大数据发展行动纲要》,作出"全面推进我国大数据发展和应用,加快建设数据强国"的战略部署。浙江省迅速行动,在 2016 年 2 月出台《浙江省促进大数据发展实施计划》,提出"建设数据强省,助力经济社会转型升级,推动政府治理和公共服务能力现代化"[1]。由此,浙江省成为全国首个出台大数据产业发展计划的省份。

浙江省委经济工作会议,是一年一度最重要的经济会议。2017 年 12 月,浙江省委经济工作会议明确提出把数字经济作为"一号工程"来抓。

2021 年 6 月 16 日,《浙江省数字经济发展"十四五"规划》印发。该规划提出浙江数字经济发展更为高远的目标,即 2025 年将建成全国数字产业化发展引领区、全国产业数字化转型示范区、全国数字经济体制机制创新先导区,以及具有全球影响力的数字科技创新中心、具有全球影响力的新兴金融中心和全球数字贸易中心。

2022 年 7 月 13 日,浙江省数字经济高质量发展大会明确了实施数字经济"一号工程"升级版的重点任务,即 5 个"高水平建设":一是高水平建设具有全球影响力的数字科技创新中心,打好数字科技关键核心技术攻坚战,建设高能级数字科创平台,加快引进培育高层次数字创新人才;二是高水平建设全国数字产业化发展引领区,做强做大世界级新一代信息技术产业集群,实施数字经济产业平台提升行动,加快发展壮大雁阵型数字企业梯队,创新发展跨界融合新模式新业态;三是高水平建设全国产业数字化转型示范区,体系化推进行业产业大脑建设,深入推动制造业数字化转型,实施服务业数字赋能工程,大力推动农业智能化升级;四是高水平建设具有全球影响力的新兴金融

---

1. 《浙江省人民政府关于印发浙江省促进大数据发展实施计划的通知》,浙江省人民政府网站 2016 年 3 月 1 日。

中心，大力推进数智金融先行先试，引导推进金融科技变革重塑，推动移动支付创新突破；五是高水平建设全球数字贸易中心，加快发展数字贸易，积极探索数字贸易规则标准，推进电子商务高质量发展，扩大数字经济国际合作。

## 二、打造"全国数字经济第一城"

为深入贯彻落实"八八战略"，全面推进数字经济发展，2018年7月，杭州市委十二届四次全会报告提出聚焦数字经济"一号工程"，首次提出"三化融合"行动，即数字产业化、产业数字化、城市数字化融合。数字产业化，旨在使杭州形成万亿数字经济产业集群，并在关键核心技术取得突破；产业数字化，旨在推进数字技术在杭州制造业、服务业、农业全方位、全角度、全链条应用；城市数字化，旨在构建数字化引领、大数据支撑的城市治理现代化体系。在城市数字化中，特别提到了推进"城市数据大脑"在城市治理中的全面应用，加快交通、给排水、能源、通信、防灾和安全生产等城市基础设施数字化升级，推动各部门数据全归集全打通全共享。

2018年9月25日，根据《工业和信息化部、浙江省人民政府、杭州市人民政府关于协同开展国际级软件名城创建工作的合作协议》和《浙江省人民政府办公厅关于进一步加快软件和信息服务业发展的实施意见》，杭州市人民政府办公厅印发《加快国际级软件名城创建助推数字经济发展的若干政策》的通知，明确了产业适用范围和资金重点支持方向，研发、创新的扶持措施，软件产品应用和服务的扶持措施等。

2018年第6、7期《杭州市人民政府公报》（总第234、235期）再次强调要以实施数字经济"一号工程"为重点，推动经济高质量发展。

如何推动？该公报指出，一是加大数字科技创新力度，努力在区块链技术、AR（增强现实）、人工智能等底层技术、深度技术的创新突破中有所作为，在突破核心技术、多出原创性成果上下功夫；二是鼓励支持基础研究，努力为基础研究探索创造好的环境与政策；三是发挥科研院所骨干领军企业作用，以更大力度支持之江实验室、西湖大学等创新中心建设，深入实施高新技术企业倍增、科技中小微企业培育计划等。

实施数字经济"一号工程"，开展"三化融合"行动，杭州市数字经济保持持续较快发展势头。2018年，杭州全市数字经济核心产业主营业务收入突破1万亿元大关，增加值达到3356亿元，占全市GDP的比重达24.8%，占全省的比重达60%；城市大脑入选全国四大人工

在杭州举办的"2025环梦AI智能机器人科普展"现场，机甲熊猫机器人吸引民众　中新图片/黄彦君

智能创新平台，SupET入选国家级工业互联网平台；互联网人才净流入率居全国城市第一位。"数字"，成为杭州高质量发展的"引擎"、高水平治理的"大脑"、高质量生活的"精灵"。

在发展数字经济进程中，杭州市政府不断完善相关体制机制。2020年12月17日印发的《杭州市人民政府关于完善科技体制机制健全科技服务体系的若干意见》指出，聚焦数字经济、先进制造、生命健康和新材料等主导产业，加快建设全国数字经济第一城、国家自主创新示范区，厚植杭州在新时代全面展示中国特色社会主义制度优越性重要窗口中的特色优势，努力将杭州打造成为创新型城市建设的实践范例。2021年5月12日，《杭州市数字经济发展"十四五"规划（征求意见稿）》和《杭州市人工智能产业发展"十四五"规划（征求意见稿）》发布；12月13日，《杭州市数字经济发展"十四五"规划》正式发布。2023年2月14日，杭州市政府印发的《关于推动经济高质量发展的若干政策》强调，围绕市委提出的争创综合性国家科学中心、打造"五大产业生态圈"、聚焦聚力现代服务业"两地四中心"建设、打响"杭州服务"品牌等决策部署，有针对性出台政策举措。同年5月，杭州市数字经济创新提质"一号发展工程"大会召开。大会认真学习贯彻习近平总书记关于发展数字经济的重要论述，贯彻落实全省数字经济创新提质"一号发展工程"大会部署，发布了《杭州市数字经济创新提质"一号发展工程"实施方案》。

2024年2月18日，杭州市政府印发的《关于进一步推动经济高质量发展的若干政策》指出，深入实施创新深化和"315"科技创新体系建设工程，强化教育科技人才基础支撑，强化企业科技创新主体地位，强化"五大产业生态圈"高质量发展的科技支撑。杭州市统计局统计数据显示，2024年杭州市数字经济核心产业增加值6305亿元，同比增长7.1%，占全市GDP比重达28.8%；全市数字经济核心产业实现营业收入20401亿元，增长4.9%。[1]

为完善制造业创新体系，因地制宜发展新质生产力，2025年1月2日，杭州市经济和信息化局（数字经济局）印发的《杭州市人工智能全产业链高质量发展行动计划（2024—2026年）》指出，围绕高水平实施"人工智能+"行动和数字经济创新提质"一号发展工程"，以算力普惠供给为驱动，以模型创新突破为关键，以数据有序流通为支撑，以场景融合应用为牵引，构建人工智能全产业链推进体系，为高水平重塑全国数字经济第一城、奋力推进"两个先行"提供有力支撑。它的学理在于，随着新一轮科技革命和产业变革深入发展，数据成为新生产要素，算力成为新基础能源，人工智能成为新生产工具，共同构成新质生产力的重要驱动因素。而超级计算，作为现代科技创新的重要支柱，则已经成为推动科技进步、社会发展的重要动力。在这一领域，杭州市提出的目标是：到2026年，力争全市智能算力集群规模在国内同类城市中领先，形成基础通用大模型1个以上、行业专用模型20个以上，建成人工智能特色产业园区10个，集聚开源模型生态企业1000家以上，努力打造全国算力成本洼地、模型生态最优城市和人工智能产业发展高地。

2025年2月8日，为深入贯彻落实中央经济工作会议精神和浙江省委、杭州市委经济工作会议精神，进一步提振市场信心，推动经济持续向好，杭州市《关于推动经济高质量发展的若干政策（2025年版）》正式发布。该文件明确指出，杭州市2025年锚定打造更高水平的创新活力之城，聚焦企业、转化、平台、技术、项目、金融、教育、人才八大关键环节，推进教育强市、科技强市、人才强市，以及加快构建杭州特色现代化产业体系和服务业体系。

---

1. 参见《2024年全市数字经济核心产业增加值增长7.1%》，杭州市统计局、杭州市社会经济调查队网站2025年2月21日。

第二节

# 数智杭州，宜居天堂：
# 建设人工智能头雁城市

人工智能产业具有科技含量高、产业链长、产业集群丰富、市场空间大的特点，是影响城市经济结构、智慧治理、社会变革的重要力量。近年来，杭州不断探索构建适宜人工智能发展的政策环境，从 5G 技术到"人工智能+"，再到 2025 年 DeepSeek 惊艳世界，杭州正向着打造人工智能头雁城市的目标加速前进。

## 一、5G 创新，6G 探索

5G 移动通信，是新一轮信息科技革命的制高点。2018 年中央经济工作会议明确提出将加快 5G 商用步伐作为 2019 年的重点工作。2019 年由此成为 5G 走向产业化、进行商用部署的关键期。

杭州市把 5G 看作全面推进"三化融合"、打造全国数字经济第一城的重要内容和关键支撑。为抓住发展机遇窗口期，加快 5G 产业发展，进一步夯实数字经济先发优势，支撑杭州打造数字经济第一城，将杭州市建设成为世界级 5G 新型基础设施、产业生态和融合应用的标杆城市，杭州顺势出台关于 5G 发展政策。

2019 年 1 月 20 日，"5G 创新应用高峰论坛暨中国（杭州）5G 创新园启动仪式"在杭州未来科技城举办，中国（杭州）5G 创新园开园。

在开园仪式上，中国（杭州）5G 创新园与中国移动通信集团浙江有限公司等 11 家机构、企业签订了 10 个 5G 产业项目协议，包括加快推进数字经济发展战略合作、人工智能（杭州）研究中心等。中国（杭州）5G 创新园是国内 5G 全覆盖、提供完整 5G 产研条件的创新园。园区位于杭州未来科技城核心区块，一期建筑面积 10 万平方米，计划到 2025 年建成全国著名的 5G 未来演进技术及业务应用的策源地、孵化地和集聚地。

2019 年 4 月 25 日，杭州市政府印发《杭州市加快 5G 产业发展若干政策》，共制定了 17 条内容，主要围绕创新、产业、应用、基础设施、保障 5 个部分，如支持企业在 5G 核心设备、芯片、器件、模组及终端等领域开展产品研发，并突破一批关键技术；推动浙江大学、之江实验室、阿里达摩院等重点科研载体加强在 5G 领域的科研布局；鼓励企业为大企业大集团提供协作配套，对本地企业研发的射频芯片及器件、中高频器件、全制式多通道射频单元、微波器件和天线等产品为 5G 设备厂商量产配套，且年度销售金额首次达到 5000 万元的，给予一次性 500 万元的资助等。

2020 年 7 月 7 日，浙江省政府办公厅印发的《浙江省新型基础设施建设三年行动计划（2020—2022 年）》提出，到 2022 年，建成 5G 基站 12 万个以上，大型、超大型云数据中心 25 个左右，率先完成双千兆宽带网络布局，建成国家（杭州）新型互联网交换中心。优先支持杭州、宁波、温州、金义等都市区做大做强大数据中心，争取建设国家级区域型数据中心；加快推进杭州、德清国家新一代人工智能创新发展试验区建设。到 2022 年，建成全国领先的新一代人工智能核心技术引领区等。杭州，有政策支持，有技术加持，理应走在前面、已然走在前面。

5G 还在普及推进，对 6G 的探索已在发力。杭州市采取多项措施推动数字经济产业发展，给予 6G 技术研发大力支持。2023 年 9 月，杭州市智能亚运重点项目"基于智能超表面（RIS）的新型移动通信技术"在亚运场馆示范应用，为赛事提供全天候实时通信保障，这是 6G 新技术首次在全球范围内的大型赛事中规模应用亮相。

## 二、打造人工智能头雁城市

为全面贯彻落实党中央、国务院关于发展新一代人工智能的重大决策部署，落实科技部《关于支持杭州建设国家新一代人工智能创新发展试验区的函》的精神，加快建设杭州国家新一代人工智能创新发展试验区，2019 年 12 月 12 日，杭州市政府印发了《杭州市建设国家新一代人工智能创新发展试验区若干政策》。该政策共 13 条，分为基础研究、场景应用、企业发展、人才培育、支撑体系 5 个部分。具体如下：第一部分，包括第一、二、三条，其主要内容是：支持人工智能基础理论研究和关键核心技术研发，支持基础研究平台建设，支持公共服务和共性研发平台建设。第二部分，包括第四条，其主要内容是：支持推进人工智能应用场景建设。第三部分，包括第五、六、七条，其主要内容是：支持人工智能企业发展，支持人工智能产品在地应用，加强人工智能企业的金融支撑等。第四部分，包括第八条，其主要内容是：加强人工智能人才团队引进培育。第五部分，包括第九、十、十一、十二、十三条，其主要内容是：建设人工智能产业载体，优化人工智能发展总体布局，打造人工智能发展的良好生态体系，深化人工智能数据资源开放应用，加强试验区建设的体制机制保障。

杭州市把发展新一代人工智能作为建设全国"数字经济第一城"

和"数字治理第一城"的重要领域，成功获批建设国家人工智能创新应用先导区和新一代人工智能创新发展试验区，产业发展取得了明显实效。2021年10月28日，杭州市经济和信息化局、杭州市发展和改革委员会编制印发《杭州市人工智能产业发展"十四五"规划》。该规划指出，人工智能产业将为杭州实施数字经济"一号工程"2.0版、深入推进数字化改革、高水平打造"数智杭州·宜居天堂"、奋力展示"重要窗口"的"头雁风采"提供新的推动力。其发展目标是，至2025年，全面打响杭州"中国视谷"中国经济地理新地标品牌，国家人工智能创新应用先导区和新一代人工智能创新发展试验区建设成效明显，成为全国人工智能技术创新策源地、全国城市数智治理方案输出地、全国智能制造能力供给地、全国数据使用规则首创地、全国人工智能产业发展主阵地，人工智能产业营业收入达到3000亿元以上，年均增长15%以上，实现增加值660亿元以上，人工智能社会融合应用项目达到200个以上，综合实力稳居国内第一梯队，成为具有全球影响力的人工智能头雁城市。

为深入实施杭州市数字经济创新提质"一号发展工程"，抢抓人工智能发展新机遇，加快打造全国领先、国际一流的人工智能产业创新发展高地，2023年7月，杭州市人民政府出台《关于加快推进人工智能产业创新发展的实施意见》。该意见指出，加快推进人工智能产业创新发展要以习近平新时代中国特色社会主义思想为指导，深入贯彻党的二十大精神，完整、准确、全面贯彻新发展理念，深刻把握人工智能技术演进趋势和创新发展新范式，以促进人工智能与实体经济深度融合为主线，以优质算力普惠供给为基础，以模型即服务（MaaS）模式变革为关键，以场景应用为牵引，全力构建从算法模型创新突破到行业转化应用的创新体系，实现大算力孵化大模型、大模型带动大产业、大产业促进大发展的良性循环，为高水平重塑全国数字经济第一城、奋力推进"两个先行"提供有力支撑。到2025年，基本形成"高算力+强算法+大数据"的产业生态，将杭州市打造成为全国算力成本洼地、模型输出源地、数据共享高地，人工智能创新应用水平全国领先、国际先进。

根据国际数据公司（IDC）和浪潮信息联合发布的《2025中国人工智能计算力发展评估报告》，从宏观经济、技术成熟度、AI劳动供给、行业及地域四大方面综合考量和评估我国城市人工智能发展水平，结果显示，2024年中国人工智能城市排行榜TOP10依次为北京、杭州、上海、深圳、广州、南京、成都、济南、天津、厦门。杭州居全国第二位。

## 三、"人工智能+"行动

技术发展日新月异甚至时新日异，赋能千百行业甚至每个个体。从2018年美国发动遏制中国的5G技术战，迄今人工智能技术已经迈入新一级领域。杭州市紧扣时代脉搏，抓紧新发展机遇，不断推进人工智能发展。

2024年3月，杭州市人工智能产业联盟成立。2024年7月18日，为抢抓人工智能新一轮发展机遇，积极实施"人工智能+"行动，推动杭州人工智能全产业链高质量发展，打造全国人工智能产业发展高地，杭州市政府印发《支持人工智能全产业链高质量发展的若干措施》。该文件从加快算力设施建设、培育模型开放生态、加快赋能实体经济、推动全产业链发展、强化人才队伍支撑5个方面，提出14项具体举措。

2024年12月30日，杭州市政府印发《杭州市未来产业培育行动计划（2025—2026年）》。该行动计划提出，要以习近平新时代中国特色社会主义思想为指导，深入贯彻党的二十大和二十届三中全会精神，全面落实浙江省委十五届六次全会及市委十三届八次全会部署要求，加快未来产业布局，以"需求导向、前瞻布局、创新驱动、应用牵引"为原则，围绕五大风口潜力产业以及X个前沿领域，积极抢占产业新领域新赛道，创建若干个国家级、省级、市级未来产业先导区，构建"5+X"未来产业培育体系。该行动计划的重点领域是，发挥杭州数字经济产业优势，围绕五大产业生态圈建设，优先推动通用人工智能、低空经济、人形机器人、类脑智能、合成生物五大风口潜力产业快速成长，积极谋划布局前沿领域产业。该行动计划提出了杭州未来产业培育的主要任务，构建"源头创新+应用研究+产品实现+场景应用"的未来产业培育体系，实施"创新策源、企业培育、先导集聚、场景试点、要素保障"五大工程，推动创新资源向未来产业集聚。

为全方位提升杭州人工智能产业能级，推动人工智能全产业链创新链融合发展，打造全国领先、国际一流的人工智能产业创新发展高地，2025年1月，杭州市经济和信息化局（杭州市数字经济局）印发了《杭州市人工智能全产业链高质量发展行动计划（2024—2026年）》。

2025年2月26日，由中央广播电视总台联合杭州市人民政府主办的《赢在AI+》首届未来营在杭州市城西科创大走廊开营，百位AI创想者携创新项目集结。此次未来营的启动，既是对相关会议精神的积极响应，更为创新创业者搭建了展现科技实力的宽阔舞台。数字经济浪潮奔涌，"人工智能+"正成为引领新一轮科技革命和产业变革的核心引擎。

第三节

## 打通最后一公里：
## 优化营商环境

2018年3月28日，杭州市市场监督管理局为进一步优化营商环境，促进创业创新，服务企业发展，助推杭州经济高质量发展，印发了《关于优化服务改善营商环境助推经济高质量发展的若干意见》。其主要内容包括：一个"深化"，即深化商事登记"最多跑一次"改革；一个"支持"，即支持互联网经济创新发展；"五个服务"，即服务企业转型升级发展、服务大平台建设、服务消费增长、服务发展新兴产业、服务人才创业。这一政策是贯彻落实杭州市委十二届三次全会、市十三届人大三次会议精神的工作要求，也是根据新环境变化，结合市场监管履职而出台的。

2019年2月3日发布的《杭州市人民政府关于做好当前和今后一个时期促进就业工作的实施意见》，是进一步优化杭州市创业环境的具体举措。该意见从创业者的视角出发，明确提出要优化创业环境，即从鼓励创业带动就业的角度，提出优化营商环境、推动创业载体建设、加大创业资金扶持力度、拓宽创业融资渠道等方面促进创业带动就业。该意见还从分类精准帮扶不同就业创业群体、健全服务体系等方面提出了详细的要求。

为进一步贯彻落实国家方案对杭州片区"打造全国领先的新一代人工智能创新发展试验区、国家金融科技创新发展试验区和全球一流的跨境电商示范中心,建设数字经济高质量发展示范区"的功能定位,2021年1月21日印发的《中国(浙江)自由贸易试验区杭州片区建设方案》明确了总体要求、功能布局、主要任务和措施、保障机制,旨在使上下加强工作联动,聚焦数字贸易、数字产业、数字金融、数字物流、数字治理五大重点领域,开展制度集成创新,推进投资、贸易、资金进出、交通运输、人员进出等方面的自由化便利化和跨境数据安全有序流动,为国家在数字经济领域规则、规制、标准制定和管理创新等方面提供可复制可推广的经验,打造具有世界影响力的数字全产业链,确保杭州片区建设始终走在全国前列,成为链接国内大循环和联通国内国际双循环、服务构建新发展格局的重要平台。

为了进一步集聚优质资源,加快科技产业发展,鼓励和吸引全球高层次人才创新创业,根据浙江省人民政府办公厅《关于推进杭州城西科创大走廊建设的若干意见》精神,浙江省政府、杭州市政府及科创大走廊涉及的西湖区、余杭区、临安区政府共同设立杭州城西科创大走廊创新发展专项资金。为加强专项资金管理,2022年7月13日,《杭州城西科创大走廊创新发展专项资金管理办法》印发。这一专项资金,重点用于支持科创大走廊打造创新生态体系、培育创新型企业、引育创新人才、建设重大科学装置和创新研发机构、转化重大科技成果等,其支持项目须符合科创大走廊重点发展的产业,重点支持数字经济、生命健康、节能环保、高端装备制造等领域。这一管理办法,通过15项具体举措,将科创大走廊打造成以综合性科学中心为核心引擎、以整体智治格局为制度保障、具有全球影响力的创新策源地。

2018年3月22日,杭州市政府印发了《关于全面落实"凤凰行动"计划的实施意见》,即"凤凰行动"计划1.0版本。2021年12月31日,《杭州市深入推进经济高质量发展"凤凰行动"计划(2021—2025年)》

发布，即"凤凰行动"2.0 版本。该计划提出按照培育、股改、辅导、报审、挂牌、上市的全流程，高标准全面打造"凤凰行动"升级版，从上市梯队储备、企业质量要求和融资规模要求三方面提出发展目标，并列举了九大工作举措。相较于 1.0 版本，2.0 版本推出了多项创新服务，如构建资本市场智库大脑、研发"凤凰行动"指数品牌等。经过多年努力，杭州市企业上市工作取得了长足进展。"凤凰行动"计划 2.0 版本（2021—2023 年）实施以来，杭州市共增加 101 家境内外上市公司。截至 2024 年底，杭州共有境内上市公司 228 家。这些上市公司分布在不同的板块和行业中，涵盖了机械设备、计算机等多个高附加值行业。

2022 年 1 月 27 日，《杭州市国家营商环境创新试点实施方案》发布。杭州市根据国家试点要求分门别类，共细化 344 条具体改革举措。在国家试点"规定动作"外，按照"不搞简单取消下放、不搞税费减免、不涉及安全"的原则，结合杭州产业发展特色、政府数字化改革等实际，推出了一批"自选动作"，共 52 项特色改革事项，并细化成 165 条具体改革举措。该方案保障了杭州市国家营商环境创新试点依法依规顺利实施，赋予杭州市更大改革自主权，更大力度开展先行先试。

杭州市委、市政府始终坚持思考如何根据技术环境变化及时优化营商环境的问题。2023 年 9 月 21 日印发的《杭州市人民政府关于全力打造营商环境最优市赋能经济高质量发展的实施意见》在市场化、法治化、国际化基础上，增加了数字化原则作为特色。该实施意见强调，要着重优化创新制度供给和服务模式，将杭州打造成为办事效率最高、服务水平最优、要素保障最强、法治氛围最浓、社会满意度最好的全国营商环境最优城市。

营商环境优化提升，积淀并输出了许多"杭州经验"。比如，企业年报"多报合一"、首席数据官、综合测绘等"杭州经验"在全国推广；依托"亲清在线"数字平台，杭州在全国首创政策"申报零材料、审批零人工、兑现秒到账"直达模式，让政策服务更精准。2024年12月31日，"亲清在线·政策超市"平台累计兑付政策资金正式突破1000亿元。该平台已上线惠企政策超8200条，资金惠及企业超61.4万家，惠及员工226万人。[1] 理念在变化，政策在优化，杭州市营商环境新优势加速形成。在杭州，企业"一照多址"适用区域范围已经扩大到全市域。全市政务服务事项"一网通办率"达到99.7%，585项个人事项"一证通办"、279项涉企事项"一照通办"。[2]

营商环境是企业生存发展的土壤。"土质"优劣，直接关系市场活力和经济发展动力。良好的营商环境则不仅是政策和服务的优化，更是创新生态、人才保障和产业协同的综合体现。"杭州六小龙"现象蔚为大观，这不仅是科技创新的胜利，更是营商环境优化的胜利。杭州通过"不叫不到、随叫随到、服务周到"的服务理念，为企业提供了高效、透明、贴心的服务，成为营商环境优化的典范。科技创新，营商创业，杭州是"一方沃土"，也是"一方热土"。

---

1. 参见《杭州"亲清在线·政策超市"平台累计兑付政策资金突破1000亿元》，《杭州日报》2025年1月1日。
2. 参见《让群众没有难办的事——杭州政务服务改革里的民生温度》，《杭州日报》2024年7月25日。

第三章

# 创新活力之城
## ——机制密码

杭州的人气缘何而聚？

杭州的活力缘何而生？

当越来越多的创新人才、创新资源、创新科技涌向杭州的时候，人们不禁在内心深处发出叩问。

透过现象看本质。一时的创新容易做到，长久的创新并非易事。

"问渠那得清如许？为有源头活水来。"杭州持续创新，源于机制创新、体制创新、制度创新带来的内生动力。

第一节

**严管与厚爱：**
**容错纠错机制**

2025年3月31日召开的中共中央政治局会议提出，要加强领导班子建设，着力解决乱作为、不作为、不敢为、不善为问题，推进领导干部能上能下常态化。早在2016年1月，习近平总书记首次提出"三个区分开来"，强调"要把干部在推进改革中因缺乏经验、先行先试出现的失误和错误，同明知故犯的违纪违法行为区分开来；把上级尚无明确限制的探索性试验中的失误和错误，同上级明令禁止后依然我行我素的违纪违法行为区分开来；把为推动发展的无意过失，同为谋取私利的违纪违法行为区分开来"[1]。党的二十届三中全会通过的《中共中央关于进一步全面深化改革、推进中国式现代化的决定》提出：落实"三个区分开来"，激励干部开拓进取、干事创业。落实"三个区分开来"，是一项政治性和政策性很强的工作，在实践中难免存在瓶颈。浙江省委、省政府及杭州市的相关做法和经验，为破解容错纠错尺度难把握、制度难落地等问题提供了参照。

---

1. 习近平：《在省部级主要领导干部学习贯彻党的十八届五中全会精神专题研讨班上的讲话》，《人民日报》2016年5月10日。

## 一、容错纠错机制的浙江创新

在浙江工作期间,习近平同志就高度重视调动和保护干部积极性,要求适时给干部"增压"和"减压",使其始终保持一种"常压"的工作状态。浙江省认真贯彻落实习近平同志的重要要求,建立实施"两个担当"良性互动机制,以干部敢为引领地方敢闯、企业敢干、群众敢首创。2015年10月,浙江省委出台《关于激励干部干事创业治理为官不为的若干意见》,要求建立推进改革容错免责机制;建立鼓励创新、宽容失败、允许试错、责任豁免的机制。2016年浙江省出台的《关于完善改革创新容错免责机制的若干意见》释放出这样的信号:干部越为事业担当,组织越要为干部担当。

2018年5月,中共中央办公厅印发《关于进一步激励广大干部新时代新担当新作为的意见》,对建立健全容错纠错机制提出明确要求。这是党中央首次从制度层面作出相关规定。中共中央办公厅发出的通知强调,全面落实习近平总书记关于"三个区分开来"的重要要求,要"宽容干部在工作中特别是改革创新中的失误错误,旗帜鲜明为敢于担当的干部撑腰鼓劲"[1]。

浙江省深入贯彻落实《关于进一步激励广大干部新时代新担当新作为的意见》,在2018年8月出台了《关于进一步激励干部新时代新担当新作为,奋力推进"两个高水平"建设的实施意见》,要求坚持正向激励,强化问题意识,注重事业引领,激励干部在建设"六个浙

---

1. 《中办印发〈关于进一步激励广大干部新时代新担当新作为的意见〉》,《人民日报》2018年5月21日。

江""四个强省"中，在推动"最多跑一次"改革、实施乡村振兴战略等重大决策部署中有更大担当作为。2019年，为了深入贯彻落实党的十九届四中全会精神和习近平总书记关于激励干部新时代新担当新作为的重要论述精神，推动干部担当与组织担当有机结合，浙江省委办公厅印发《关于建立健全"干部为事业担当、组织为干部担当"良性互动机制的意见》。这两个意见，旨在支持改革者、鼓励创新者、宽容失误者、保护干事者，对浙江省敢担当、勇作为的浓厚氛围的形成产生了积极影响。

2023年9月考察浙江时，习近平总书记明确要求健全干部担当作为激励保护机制，激发干部干事创业活力。为了深入贯彻习近平总书记考察浙江时发表的重要讲话精神，深化落实"三个区分开来"要求，浙江省纪委机关、省委组织部首次联合印发《浙江省深化落实"三个区分开来"要求，健全容错纠错机制、激励干部担当作为实施办法》，规定了容错的具体情形、适用范围、操作程序、责任落实等。这是党的二十大以来，浙江省出台的首个以健全容错纠错机制为主要内容的实施办法。

该实施办法的出台，正是深化落实"三个区分开来"要求，进一步健全容错纠错机制的重要举措。

同时，该实施办法更加注重结合浙江实际，透露出浓浓的"浙江味"，充分考量了浙江党员干部要承担的重点任务、要"摸着石头过河"的创新领域。针对深入实施"八八战略"，强力推进创新深化改革攻坚开放提升和三个"一号工程"，高质量发展建设共同富裕示范区，以"两个先行"打造"重要窗口"的工作中，主动履职、勇闯新路、攻坚克难，所出现的失误错误，该实施办法规定了改革创新中出现失误错误、工作或者执行程序存在过失或者瑕疵、工作决策造成损失、应急处突和解决复杂矛盾中出现失误错误、履职尽责但因客观因素导致失误错误、按照"三个区分开来"要求可以容错的其他失误错误6个方面21种具体的容错情形。譬如，在优化提升营商环境中，突破常规和惯例，大胆探索新型机制和模式，出现失误错误的；在处置突发事件、承担急难险重任务中，采取紧急权宜处置措施，出现失误错误的；等等，也都属于容错情形。对于这些情况，只要在纪法底线红线之内，不是明知故犯、没有谋取私利、未造成严重后果，经认定后可以容错。

对于谁来容错、怎么容错，该实施办法也给出了具体指导。容错工作的实施主体为各级党委（党组），纪检监察机关、组织人事部门等按照职责权限承办。坚持"谁追责问责、谁认定容错"，承办单位在责任调查或启动追责问责时，应当主动研判是否存在容错情形，符合条件的，同步启动容错程序。有关单位或者个人认为其工作失误错误符合容错情形的，都可以提出容错申请。该实施办法还专门列出了6条标准综合分析、精准把握出现的失误错误，并对决策程序作出了具体规范。浙江各地多年来在探索容错纠错机制过程中的好经验，也被吸收进了实施办法之中。譬如，加强容错纠错会商研判，实行"一事一议"，由纪检监察、组织、信访、审计等单位参加。对复杂性问题和专业技术问题，邀请行业主管部门、第三方机构、法律顾问等进行综合评估。

该实施办法强调，容错纠错要把握4个原则：坚持事业至上、激励担当，坚持实事求是、客观公正，坚持依纪依法、宽严相济，坚持容纠并举、防微杜渐。该实施办法专门规定了不予容错的6种情形，严守纪法底线，包括：与党中央重大决策部署不符，违反党章党规党纪、国家法律法规强制性、禁止性规定的；没有树立新发展理念、政绩观不正确甚至扭曲，搞"形象工程""政绩工程"的；利用职权或者职务上的影响为单位谋取不正当利益或者为个人谋取私利的；对出现的失误错误不积极整改、消除影响的；等等。这就是说，"宽容"不是"纵容"，必须严守纪律红线和法律底线。

浙江全省上下协作联动紧密，不断拓展严管厚爱激励担当作为的方法载体、制度机制、工作措施，取得了实实在在的工作成效。[1]

## 二、容错纠错机制的杭州做法

杭州市始终坚定贯彻落实浙江省委、省政府关于容错纠错机制的重要要求。2015 年，杭州市贯彻落实浙江省委《关于激励干部干事创业治理为官不为的若干意见》，开始探索建立党员干部改革创新容错纠错机制，并持续健全完善操作细则，形成了"容什么""怎么容""容后怎么办"等规范程序。

2018 年，杭州市以《关于进一步激励干部新时代新担当新作为，奋力推进"两个高水平"建设的实施意见》为依据，出台相关办法，继续探索容错纠错机制。从 2020 年开始，作为杭州地区唯一承担浙江省容错裁定的试点单位，杭州市富阳区启动并相继完成了全省扩大容错裁定试点工作，探索并形成了干部容错纠错事前备案制度。2021 年 7 月，杭州市富阳区制定了行政争议化解 5 条容错条款（即贯彻重大部署、推动重点改革、破解遗留问题、激励争议调解、化解矛盾焦点）和 4 条追责条款（即滥用职权、玩忽职守、拒不履行生效决定、被市级以上通报批评）。

---

1. 参见《把实干导向树起来——2024 年我省巩固深化严管厚爱激励担当作为工作综述》，《浙江日报》2025 年 1 月 7 日。

2021年，杭州市在浙江省率先制定印发《杭州市行政执法尽职免责和容错纠错实施办法（试行）》，用负面清单的方式划出行为底线，为执法人员划清了"不可为"的范围。该办法对行政执法领域实施精准问责、容错免责、容纠并举，在坚持有错必纠的同时明确"容什么""怎么容""容后怎么办"，旗帜鲜明地为担当者担当、为负责者负责。[1]

2023年，杭州市以《浙江省深化落实"三个区分开来"要求，健全容错纠错机制、激励干部担当作为实施办法》为指引，结合杭州市的实际情况，探索、创新、形成了全周期实施容错纠错与追责问责融合机制。杭州市纪委监委深入落实"三个区分开来"要求，坚持严管和厚爱结合、激励和约束并重，打出预警提醒、澄清查诬、精准问责、容错纠错、回访教育等"组合拳"，引导广大党员干部特别是基层干部在廉洁上"管得住手脚"、在事业上"放得开手脚"，推动形成干事创业的良好氛围。[2]杭州市纪检监察机关常态化开展预警提醒，通过风险预警、关爱提醒、监督预防等"组合拳"，进一步压紧压实有关单位党委（党组）主体责任，同时定期排查防控廉政风险隐患，加强风险岗位、重点人员谈话提醒，开展"室组地"联动监督，规范高效处置问题线索，多措并举筑牢"防火墙"。[3]杭州市纪委监委对容错纠错机制进行了创新：开始聚焦经济发展需求，会同组织、发改、经信、投促、科技等职能部门和重点开发区（园区、平台），进一步明晰容错纠错适

---

1. 参见《全省首个行政执法容错纠错实施办法在杭州落地，明确"容什么""怎么容""容后怎么办"》，杭州日报新闻客户端2021年12月30日。
2. 参见《杭州健全完善容错纠错系列机制，营造干事创业良好氛围》，中央纪委国家监委网站2024年11月19日。
3. 参见《杭州健全完善容错纠错系列机制，营造干事创业良好氛围》，中央纪委国家监委网站2024年11月19日。

用情形及程序和配套机制，深化在招商引资、重大项目建设、政策创新等领域的应用，为想干事、敢干事"兜底"。[1]

杭州市各地纪检监察机关结合实际，针对运用容错政策、处理疑难复杂问题等开展调查研究，修订配套制度规范，增强容错纠错的针对性、实效性，积累了宝贵经验。杭州市萧山区为培育形成鼓励创新、宽容失败和防范风险的创新制度环境，2024年5月出台《杭州市萧山区企业创新容错管理办法（试行）》。

杭州市萧山区科技局还在前期调研的基础上研究出台了《关于建立企业创新容错机制的实施细则（试行）》，充分考虑主观意愿、创新条件、行为过程、后果影响等要素，严格甄别"创新失误"与"违规违法"的不同性质，引导企业和广大科研人员在遵规守纪前提下大胆探索、开拓创新。萧山区还发布了助企服务"二十条"，其中一条即建立企业创新容错机制，提出积极培育形成鼓励创新、宽容失败和防范风险的创新制度环境，保护科研人员能够凭借聪明才智和创新成果获取合法收益。在此基础上，萧山区科技局研究制定了具体细则，规定科技企业、研发机构、医院等创新主体，均可享受助企服务"二十条"中的企业创新容错办法。

杭州市余杭区电商经济活跃，区纪委监委将"应对网络消费投诉出现纰漏情形"纳入容错纠错清单，允许在效能投诉0.05%出错率范围内予以容错，涉网行政复议同比下降近一成。[2] 余杭区纪委监委按照诬告陷害查处的不同情形，整理各地查处诬告陷害行为实际案例，形

---

1. 参见《杭州：完善容错纠错澄清正名机制》，中央纪委国家监委网站2023年4月28日。
2. 参见《杭州：精准容错纠错支持干事创业》，中央纪委国家监委网站2023年9月4日。

位于萧山区的杭州航民百泰首饰有限公司引入 3D 打印和智能制造等先进技术，加强与科研机构、高校等合作，不断提升产品竞争力，助推企业更上一层楼。图为该公司展厅展出的黄金首饰　中新图片 / 小绍兴

成《查处诬告陷害行为案例集》，提升诬告陷害问题线索的辨识度，有力推动精准查处诬告陷害行为。2024 年，余杭区出台《余杭区市场主体轻微违法违规经营行为容错免责指导意见》，对网络平台经营户和小作坊、小餐饮、小食杂店等"三小"的轻微违法行为进行分类细化，有效促进了网络经济与实体经济共同健康发展。[1]

杭州市建德市纪委监委推出"两单两函一档案"暖心回访方案，实行"严肃执纪执法＋暖心回访教育"同步、"纪检监察机关＋组织人

---

| 1. 参见《杭州余杭制定实施容错免责机制》，《中国市场监管报》2024 年 11 月 27 日。

事部门"联访、"所在单位+家庭"协同、"集中回访+长效追踪"结合,以系统思维推进回访教育工作。[1] 在临平区,区纪委监委联合区委组织部构建量化评价指标体系,从"实绩考核、回访评议、负面清单"3个维度量化赋分。富阳区纪委监委联合区委组织部、审计局、司法局等部门,成立区级容错裁定委员会,建立联席会议和会商制度,针对情况比较复杂、涉及面较大、社会关注度高的容错事项,进一步引入第三方专业人士和机构作为"顾问团",精准裁定、规范操作。[2]

容错是落实"三个区分开来"的具体体现和重要环节,即针对有关单位和个人在改革探索、推动发展中的过失过错,依规依纪依法不予、免予或者从轻、减轻追责问责,旨在使党员干部多一分担当、少一分"躺平"。坚持纪法情理贯通融合,做到严有严的标准、宽有宽的道理,体现纪法约束的力度和组织关怀的温度。具体洞见深刻,细节决定成败,杭州迈出了实实在在的步伐。

---

[1] 参见《杭州健全完善容错纠错系列机制,营造干事创业良好氛围》,中央纪委国家监委网站2024年11月19日。

[2] 参见《杭州:精准容错纠错支持干事创业》,中央纪委国家监委网站2023年9月4日。

## 第二节

# 集智助推乡村振兴：
# 科技特派员制度

科技特派员制度发端于福建南平，是习近平同志在福建工作时亲切关心指导、总结提升的工作机制创新。习近平总书记强调，要坚持把科技特派员制度作为科技创新人才服务乡村振兴的重要工作进一步抓实抓好。2003年，浙江省正式启动科技特派员工作。2005年，科技特派员制度在浙江省铺开。杭州市在落实科技特派员制度的过程中，结合实际情况作了机制创新。

### 一、具有浙江辨识度的科技特派员制度

习近平总书记高度重视、始终关心科技助力脱贫攻坚和乡村振兴。
1998年11月底，为破解"三农"难题，福建省南平市选派农技人员下乡，成为农村科技特派员制度的发端。[1] 2002年，时任福建省省长的习近平，对这项工作进行专题调研后，在《求是》杂志上发表的《努力创新农村工作机制——福建省南平市向农村选派干部的调查与思考》一文中指出，这一做法是市场经济条件下创新农村工作机制的有益探

---

1. 参见《习近平点赞"科特派"》，新华网2021年3月23日。

索，值得认真总结。从 2012 年起，科技特派员制度多次被写入中央一号文件。2016 年 5 月，国务院办公厅印发《关于深入推行科技特派员制度的若干意见》，在国家层面作出制度安排。"高位嫁接、重心下移"，这一制度在农村开花结果。数十万名科技特派员穿梭山林、躬耕乡野，带动逾千万户农民增收。

2019 年 10 月 21 日，科技特派员制度推行 20 周年总结会议在北京召开，习近平总书记指示：科技特派员制度推行 20 年来，坚持人才下沉、科技下乡、服务"三农"，队伍不断壮大，成为党的"三农"政策的宣传队、农业科技的传播者、科技创新创业的领头羊、乡村脱贫致富的带头人，使广大农民有了更多获得感、幸福感。2020 年 8 月，为了进一步深化完善科技特派员制度，浙江省科技厅研究起草了《关于进一步深化科技特派员制度的实施意见（征求意见稿）》，向社会公开征求意见。该征求意见稿提出一个总体要求："既要牢牢守住科技特派员制度的'根'与'魂'，又要生动展示我省科技特派员贯彻新发展理念的具体实践，加快形成具有浙江辨识度的新时代科技特派员制度。"

早在 2005 年，杭州市贯彻落实习近平同志重要指示精神和浙江省委、省政府关于科技特派员工作的部署要求，立足项目化管理，强化组团式服务，推进全链条协同，采用"政府主导、科技牵头、部门联动、特派员服务"的方式，逐渐形成了科技特派员工作的"杭州模式"，为乡村振兴聚合多元动力。如今，这项科技兴农富民创新机制，在杭州展现出强劲生命力，从"星星之火"发展成为遍开的"创新之花"，结出沉甸甸的"科技之果"。

杭州不断贯彻落实、完善科技特派员制度，"聚资集慧"谋创新，"联乡结村"惠"三农"，助推乡村产业振兴。2019 年，为了让优秀科技人才肯下去、想干事、留得住，杭州市对沿用 10 余年的《杭州市科

杭州市淳安县积极运用生态浮岛水上植物无土栽培技术，筛选根系发达、维护简单、脱氮除磷效率高的水生或驯化后的陆生植物种植于水面，通过植物生产过程中密集的根系吸收，增强上层水体的净化能力，进一步提升千岛湖水质　中新图片 / 杨波

技特派员考核管理实施办法》进行了修订。2023年12月，杭州市科学技术局印发《杭州市科技特派员工作管理办法》。新办法涵盖科技特派员工作要求、管理工作职责、选派条件和程序、管理服务和考核、支持保障等内容。截至2023年，杭州市累计选派10批1320名科技特派员以及团队科技特派员入驻淳安、建德、桐庐等县（市、区）开展科技服务工作，下到基层乡镇，下到田间地头，进企入户，引进新品种新技术，加大农业科技成果转化应用，有力地助推乡村振兴，促进共同富裕。科技赋能农业，创新引领未来，科技特派员帮助当地农民科技致富，被农民称为"财神爷"。

## 二、科技特派员选派机制创新

以农村需求为导向，适当扩大选派范围，打破单位选派界限，这是杭州市在人才选派机制上的创新。2005年以来，杭州市从浙江大学、中国计量大学、浙江农林大学、浙江省农业科学院等高校、科研院所中选派的市科技特派员占每批次市派科技特派员人数比例不断上升，市级科技特派员队伍不断充实，"含金量"不断提高。

"双库源"建设，是杭州市在选派人才时的另一个创新。杭州市以"夯基础"为导向，积极构建"双库源"。通过特派员项目库和专家库构建，促使科技信息互通、供需双方互动和项目精准实施。根据县（市、区）及乡镇产业发展需求，精准摸排有地方特色、有示范带动作用的科技特派员项目，按照项目建设内容、专业技术支持要求等建立完善项目库。同时，杭州市建立科技特派员信息登记制度，实行"一人一档"，细化科技特派员专业特长、技术成果及服务经历等信息，并结合科技特派员的主动留任和派驻乡镇的项目建设要求，对选派单位进行摸底，推荐最合适的科技特派员。

结合产业要求和科技人员技术专长，杭州市建立了双向选择机制，将符合需求、专业对口、水平较高的科技特派员选派到农村基层，提高科技资源配置的有效性、精准性。其一，在前一阶段征集部分乡镇需求的基础上，进行再动员，要求各区县做到派驻乡镇提出需求的全覆盖；其二，对选派单位进行摸底，推荐最合适的特派员，力争做到供需结合、精准选派；其三，采取双向选择的原则，市科技特派员办公室结合科技特派员专业情况和乡镇发展需求，综合协调、平衡；其四，建设集人员选派、项目管理和绩效评估等于一体的科技创新云服务平台，精准对接派驻乡镇、专业需求、派驻人员等方面情况后，在平台择优选派科技特派员，提高科技资源配置的有效性、精准性。

### 三、构建大联动大协作格局

根据实际需求，杭州市各部门构建了大联动大协作格局，有效配置了资源，提高了办事效率。

1. 形成"政府主导，科技牵头，部门联动，特派员服务"的联动模式。杭州市委组织部、科技局、财政局、农业农村局、人力社保局、科学技术局等各部门齐心协力、齐抓共管，有力地保障了科技特派员服务基层行动有序有效开展，形成科技支撑农村建设、助推乡村振兴，富有特色的科技特派员创新服务的"杭州模式"。

2. 建立县、市和省科技特派员三级全覆盖的联动体系。在杭州市科技特派员的结构层次中，一个县（市）就是一个科技特派员团队。在这个团队层次中，科技特派员学科配合、互相联动，形成团队服务优势。在县（市）一级不能解决的技术难题，市科技局在市一级层面进行团队联动，根据需要还可争取省一级科技部门的服务联动，开展科技部门大协作，从而最大限度地解决乡村振兴中出现的重大技术问题。杭州市着力建设上下联动的团队服务网络和良好的互动机制，促进了杭州市科技特派员工作的健康有序发展，呈现出基层盼下派、优秀科技人员想下派、市级科研单位和部门谋下派的生动局面。

3. 健全以学科互补为特色的派出单位之间的合作、以地域相近为特色的科技特派员之间的合作和以专业互补为特色的县（市、区）入驻科技特派员之间的合作等机制。通过专业互补，强化资源整合，促进创业和技术服务向研发、生产、加工、检测、流通、销售等全产业链条延伸、覆盖。例如，浙江大学和杭州市建德市共同组建的畜禽健康养殖科技特派员团队，从动物营养、养殖模式、疫病防治和废弃物处理等多领域全方位服务建德市畜禽养殖企业，养殖企业效益明显提升。

## 四、加大资金和平台支持

市级科技特派员项目有别于其他科技项目，要求适用、易推广，突出项目实施的精准度。

2019年，杭州市修订了《杭州市科技特派员考核管理实施办法》，以"项目+补贴+保险"形式运行，科技特派员项目专项经费从科技特派员工作伊始的每年250万元提高到800万元，并适当放宽了科技特派员项目经费的使用范围，强化了科技特派员政策保障，调动了科技特派员的工作积极性。

杭州市科技特派员制度的主要内容和特点：一是项目要有地方特点，要求特派员加强调研，了解乡镇特色，摸清产业分布和基础，带着较成熟的技术解决问题，突出实用性；二是项目要有示范带动作用，每个科技特派员根据当地资源优势和产业优势，结合自己特长，重点抓一个产业示范基地建设，给当地群众做好样板；三是要抓技术培训推动项目实施，科技特派员要活跃在田间地头，采取现场讲解、示范指导、入户面授、集中培训等形式，培育乡土科技人才，使农民掌握先进的农业适用技术。

依托科技特派员科研成果和技术，杭州市打造了一批农业创新创业一站式、开放性综合服务平台——"星创天地"，通过线上和线下销售，展示科技成果，将成熟的农业适用技术，向周边扩散、推广和普及。同时，鼓励科技特派员充分发挥自身的技术优势，以技术、管理和资金参股等形式，与农民、专业大户、龙头企业合作，形成市场经济条件下团队延伸型的新的科技服务机制。在杭州市 8 家国家"星创天地"和 11 家省级"星创天地"中，无不活跃着科技特派员的身影，有效激发了市场主体的创新创业活力，推动了各类创新创业资源向农村倾斜和集聚。

第三节

"链"出新动能：
链长+链主制

"链长制"，就是"链长"统一协调内外部资源，协同"链主"等各方行动，以重点产业"补链""延链""强链"为目标的一种制度设计。"链长制"，主要由"链长"和"链主"两个部分组成。"链长"多由地方政府主要官员甚至"一把手"担任；"链主"则是地方龙头企业。"链长制"，是深化"双招双引"、推动产业发展、完善产业配套、促进产业关键技术突破的重要制度支撑，是产业链、供应链、生态体系建设的重要抓手，为杭州高质量发展提供了强大动能。

## 一、发挥"链长"引领示范作用

2022年3月29日，为贯彻落实国家发展改革委、工业和信息化部《关于振作工业经济运行、推动工业高质量发展的实施方案的通知》和国家发展改革委等12个部委《关于印发促进工业经济平稳增长的若干政策的通知》精神，浙江省发展改革委等12个部门联合印发了《浙江省推动工业经济稳进提质行动方案》。根据这一方案，实施畅链强链保链、有效投资扩大、重点领域提质、能效标准引领、发展环境优化等5

大行动，并进一步强化了 27 项省级层面配套政策。[1]

以《浙江省推动工业经济稳进提质行动方案》为依据，2022 年 5 月 31 日，《杭州市产业链链长制实施方案（2022—2025 年）》正式实施。该方案提出建设智能物联、生物医药、高端装备等 5 大产业生态圈，着力打造视觉智能、集成电路、药品、智能装备等重点产业链，力争到 2025 年，智能物联、高端装备产业生态圈规模超万亿，生物医药产业生态圈规模超 5000 亿，新材料和绿色能源产业生态圈规模超 3000 亿。该方案由杭州市领导领衔推进，在企业用地、用能、资金和人才等方面给予重点支持，通过"大手拉小手"，构筑以产业链带动创新链、供应链、资金链发展的新模式。

2022 年，杭州全市域实施产业链"链长制"，围绕"支柱＋新兴＋未来"的产业梯队架构，5 位主要市领导分别担任智能物联、生物医药、高端装备、新材料、绿色能源产业生态圈的"链长"，统筹推进建立涵盖 5 大产业生态圈的"5+X"产业政策体系。其具体运行方式为：组建工作专班，编制工作手册，明确目标任务，落实工作责任。13 个区、县（市）参照市级专班架构，同步启动了区级工作专班建设，由各区、县（市）领导领衔，各相关职能部门、产业平台等担任成员，明确组织架构，推动各项工作做深做实。在产业链"链长制"带动下，杭州市一批规模大、带动强、效益好的补链强链项目加快推进。2022 年前三季度，制造业投资额已超过 2021 年全年，增速达 36.9％，高于全省 20.7 个百分点，始终保持全省前三，实现了超预期增长。[2]

1. 参见《"十二手联弹"稳工业》，《浙江日报》2022 年 3 月 31 日。
2. 参见《聚力五大产业生态圈建设，加快打造标志性成果》，《杭州日报》2022 年 12 月 8 日。

2024年4月,在杭州举办的首届中国数字艺术大展上,利用混合现实技术打造的沉浸式交互体验空间吸引参观者　中新图片／黄彦君

2025年1月,为全方位提升杭州人工智能产业能级,推动人工智能全产业链创新链融合发展,打造全国领先、国际一流的人工智能产业创新发展高地,杭州市发布《杭州市人工智能全产业链高质量发展行动计划(2024—2026年)》。该行动计划指出,到2026年,力争杭州市智能算力集群规模在国内同类城市中领先,形成基础通用大模型1个以上、行业专用模型20个以上,建成人工智能特色产业园区10个,集聚开源模型生态企业1000家以上,努力打造全国算力成本洼地、模型生态最优城市和人工智能产业发展高地。

## 二、依托"雄鹰""鲲鹏"企业加强链主选育

在专班推荐和征求各区、县(市)意见的基础上,初步梳理出"链主"企业候选名单,后续经专家评审等流程后由链长审签发布。2022年,组织推荐金鱼、巨星、宇视、西奥4家企业申报第三批"雄鹰行动"培育企业。积极推进《杭州市加快中小企业"专精特新"发展行动计划》落地实施。2022年,杭州市新增155家国家专精特新"小巨人"企业,累计208家,总量居全国城市第6位;其中,新增5家国家重点"小巨人"企业,累计28家。开展2022年度国家级单项冠军申报推荐和复评工作,共推荐11家单项冠军示范企业(产品)和9家复评企业至工业和信息化部。

2024年,杭州市发布《杭州市产业链"链主"企业认定暂行办法》,重点面向"雄鹰""鲲鹏"企业,开展"链主"企业认定工作。对认定的"链主"企业和"链主"伙伴企业进行定期管理和跟踪评估,对提出的重大诉求给予协调解决。发挥"链主"在供应链、创新链、资金链、人才链等方面的带动作用,引领中小企业融入产业链分工体系,盘活产业链供应链上下游,推进产业集群建设。

## 三、以"链长 + 链主"机制打造产业链供应链生态

2022年《浙江省推动工业经济稳进提质行动方案》提出,完善标志性产业链"链长 + 链主"协同工作机制,动态培育"链主"企业50家、产业链上下游企业共同体180个;推动集成电路、生物医药长三

角产业链联盟发展。[1]

2022年8月24日，在杭州市经济和信息化局组织召开的全市经济和信息化局长工作会议上，突出"链长+链主"协同发力，围绕智能物联等五大产业生态圈，推动形成以万亿级产业为引领、千亿级产业为骨干、未来产业为先导的现代产业体系。建设"产业智理"数字经济综合应用系统，依托线上平台，强化态势感知、分析研判、预警预测，创新推动五大产业生态圈建设。[2]

杭州市"链长+链主"协同发力，在全市上下形成领导重视、部门协同、区县联动、企业参与的工作机制，以"七个新"快速推进五大产业生态圈建设。杭州市成功入选全国首批开展产业链供应链生态体系建设试点。"杭州市精准发力，保障物流畅通，促进产业链供应链稳定"典型经验做法，获国务院第九次大督查通报表扬。

2024年10月，杭州市发布的《杭州市促进生产性服务业高质量发展的若干举措》指出，探索"链主+"模式，鼓励龙头骨干企业围绕供应链业务协同，组织上下游企业开展"1+N"形式的平台赋能改造。创新开发数字化服务产品，发展服务型制造新业态新模式。

---

1. 参见《"十二手联弹"稳工业》，《浙江日报》2022年3月31日。
2. 参见《全市经信局长工作会议召开》，杭州市经济和信息化局网站2022年8月26日。

第四节

市场化＋公益性：
市场化解纷机制

2024年2月，中共浙江省委全面深化改革委员会办公室公布2023年度浙江省改革突破奖获奖名单。其中，杭州市"深化市场化解纷机制，推动实现涉企纠纷高效快处"荣获银奖。同年，市场化解纷机制入选最高人民法院"全国法院一站式建设优秀改革创新成果"、浙江省营商环境优化提升"最佳实践案例"、浙江省新时代"枫桥式工作法"、杭州市新时代"枫桥式工作法"等，被中央广播电视总台、《人民法院报》《法治日报》等主流媒体多次报道。杭州探索出的市场化解纷改革，在新时代绽放出异彩。

**一、从公益性解纷到市场化解纷**

杭州律师调解工作起步较早。2016年，杭州律谐调解中心成立，这是全国首家以律师为主体的专业化社会化调解组织，统筹指导杭州全市开展律师调解工作。

2017年，杭州法院在市委政法委的领导和司法局的协同下，开始探索律师参与纠纷调解，鼓励律师以兼职身份、公益性质参与到解纷队伍中。但是，公益调解单靠个人奉献驱动，在补贴金额较低的情况下，其短板逐渐凸显——调解主体活力欠缺、积极性不高、调解力量后劲不足等，在一定程度上制约了多元解纷工作的开展。

2021年7月，经最高人民法院、司法部批准，杭州市成为全国唯一的市场化解纷机制试点城市，并逐步形成律师、民非调解组织共同参与的格局。民非调解组织，是指非政府性质的、在民间设立的、专门从事矛盾纠纷调解工作的组织，亦即民办非企业单位调解组织。调节市场化解纷机制，是由党委领导、法院指导、专业人士广泛参与，并充分调动市场要素推动调解多元化、法治化的纠纷化解机制，它改变了过去多元化解纷机制由法院主导、缺乏社会活力的旧有模式。

杭州市的市场化解纷机制改变了过去那种以公益性为主的调解模式，在面对复杂纠纷、专业性略显不足的现状时，引入律师、民办非企业调解组织等专业法治力量，实现解纷需求和专业资源"双向奔赴"，为诉前纠纷快速高效化解探索了新路径，这也是"枫桥经验"在新时代、新征程的创造性运用和集成式发展。[1]

## 二、市场化解纷的机制保障

2023年8月18日，杭州市中院、杭州市司法局、杭州市工商联联合主办的杭州市场化解纷工作推进会召开，由此，市场化解纷提质扩面加快推动。推进会上，杭州中院、市司法局、市工商联及市律协共同签署了《关于大力推动市场化解纷工作、协同推进商会共享法庭建设的框架协议》，并遴选出杭州市场化解纷优秀调解组织和优秀调解员。

为夯实市场化解纷工作的基础，杭州市法院、市司法局、市国际

---

[1]. 参见《滨江区法院：为"两个天堂"建设提供坚强法治保障》，《杭州日报》2024年2月2日。

经济贸易促进会共同制定《杭州开展市场化解纷机制试点工作方案》等规范性文件，配套细化 23 项机制，建立一套完整的市场化解纷工作体系；市司法局还制定了《杭州市律师调解市场化工作推进方案》，加强对律师调解工作的指导培育、经费保障和宣传引导，推动市场化解纷向制度化、规范化、标准化发展。

各市场化调解组织也发布了一系列行业自律规范，例如，杭州律谐调解中心指导全市律师调解工作，制定了一系列调解员回避、建设、考核及追责的规范规则；6 家民办非企业调解组织自发组建商事调解联盟，制定联盟自律承诺书、联盟调解规范、调解告知书等制度，建立严格的保密制度、回避制度、惩戒制度等；其他各市场化调解组织分别制定该组织调解工作相关规范，共同打造了一片规范、健康、有序的市场化解纷发展蓝海。

为提高解纷积极性，杭州法院还会同有关部门建立了与专业程度相匹配的收费机制，即调解不成功不收费，调解成功可收取不超过诉讼费一半的调解费。同时，杭州还构建起"司法建议＋示范判例＋法官指导＋司法确认＋风险预警"的链条式保障机制，通过立案、审判、执行 3 个环节的共同支持、协调配合，助力市场化解纷成为过滤矛盾纠纷的第一道屏障。自杭州市成为市场化解纷工作试点以来，截至 2023 年 10 月，市场化调解组织化解纠纷 2.05 万件，收取调解费用 821.40 万元，培育出了市场化解纷"供需两旺"的蓬勃生命力。

### 三、市场化解纷的主体力量

律师协会及律师群体，是市场化解纷的关键力量。杭州律谐调解中心招募 40 名执业 3 年以上的律师担任专职调解员。杭州市 60 家律师事务所设立调解工作室，指派1100余名律师担任兼职调解员。杭州全市15家以调解为业务的民办非企业组织聘任500余名专职调解员，直接承接来自企业、商会、商圈、产业园区、金融机构等的纠纷。杭州市中级人民法院按照"公益性+市场化"的模式，建立了律所兼职调解、律师专职调解、民办非企业组织特邀调解三种解纷路径，有效发挥了律师群体的专业优势。

工商联组织、街道社会综合服务中心、社区法律服务中心、仲裁委员会、民办非企业组织等其他主体，有效补充了市场化解纷工作空白。杭州市西湖区工商联（总商会）协同西湖区人民法院成立了"商人纠纷商会解"新平台，深化了诉调对接、联席会议等5项工作机制，提升了涉企纠纷多元化解能力。街道社会综合服务中心、区社会治理中心和社区法律服务中心等能够为人民群众提供"一站式"纠纷化解服务，将基层社会矛盾进行过滤分流，努力做到简单矛盾不出窗口，复杂矛盾分类分流至人民调解、行业调解和市场化调解予以化解，提高人民群众的获得感、幸福感、安全感。作为全国唯一试点开展市场化解纷工作的城市，杭州市用好多元力量，为市场经营主体提供专业高效、减时降费的解纷服务，从源头上定分止争。

2022年至2024年两年左右的时间，杭州市持续推动市场化解纷机制提质扩面，成功化解纠纷6.33万件，解纷平均用时从38天缩短至22天，为市场经营主体节省纠纷解决成本近1.8亿元，法律顾问服务网格化覆盖超177万家市场经营主体，让司法真正成为维护社会公平正义的最后一道防线。[1]杭州市不断拓宽市场化解纷的服务覆盖面，聚

---

1. 参见《"平安杭州"二十年，守护全民幸福感》，《浙江日报》2024年4月26日。

焦基层治理中的重点领域、关键行业和重要场所，在重点行业协会、商会、产业园区等矛盾纠纷多发区域大力推进市场化解纷力量入驻下沉，促进专业解纷资源向纠纷源头发力，实现了解纷领域的延伸。截至 2023 年 9 月底，杭州市场化解纷布点已实现各区、县（市）全覆盖，已建立市场化解纷点位 59 个，其中社会治理中心、共享法庭布点 21 处，相关行业、商会布点 10 处，实现了专业法治力量在解纷工作中的延伸。[1] 截至 2024 年底，杭州市市场化解纷点位增至 177 个，律师调解工作室扩充至 110 家，律师调解员增加至 1425 名，2024 年杭州市律师调解收案 5.7 万件，"律师调解市场化"杭州品牌持续打响。

---

1. 参见《市场化解纷还有哪些新思路？》，《杭州日报》2023 年 11 月 14 日。

## 第五节

## 助企纾困：
## 金融惠企工作机制

杭州市工商联围绕"非公有制经济要健康发展""非公有制经济人士要健康成长"这"两个健康"主题，紧盯民营企业融资难问题，通过建立金融服务工作例会制度、联合走访企业制度、商会轮动对接制度、金融指导员制度等工作制度，以钉钉子精神探索出具有杭州特色的金融惠企工作机制，形成务实有效的金融惠企工作体系。[1]

### 一、金融服务工作例会制度

与金融机构缺乏常态化的工作联系，是金融惠企中凝聚合力、同频共振的难点。

杭州市工商联经与金融机构充分沟通，从2022年5月开始，明确每个月第一个周的周五上午召开金融服务工作例会。工作例会由杭州市工商联牵头，各相关金融机构业务负责人参加，旨在密切工商联与各金融机构的常态化联系。通过工作例会，充分沟通阶段性的工作信息，了解双方的活动安排和工作需要，共同分析金融惠企中的问题和

---

1. 参见杭州市工商联：《杭州市工商联强化"四项制度""五个坚持"，做好金融惠企工作》，杭州市委统一战线工作部网站2024年2月28日。

方法。金融机构在例会上重点反映相关问题，提出意见和建议，分析典型案例，并且每季度提供金融惠企中授信、实际发放贷款等数据。杭州市工商联及时介绍全市重大安排及相关工作要求，把金融机构的惠企服务融入"两个健康"的重点工作。在充分协商的基础上，金融服务工作例会先后与走进区县、走进商会、走进企业、走进乡村振兴示范点等工作结合起来，不断在形式和内涵上拓展和深化，真正构筑杭州民营企业之家，真正做到民企和杭州相互成全、相得益彰。[1]

## 二、联合走访企业制度

主动上门走访企业，是工商联广泛联系企业的基本要求，也是及时了解问题、掌握情况并加强服务的有效举措。在推进金融惠企的过程中，杭州市工商联携手金融机构建立了联合走访企业制度，赋金融服务予企业走访之中，极大提升了企业走访的规模和成效。2022年，杭州市工商联以联合走访的形式走访企业3811家，2023年联合走访8686家企业，新增授信企业3015家，新增授信金额304.6亿元，新增贷款投放190.81亿元。

联合走访企业，一般采取两种形式：一是以工商联为主，由工商联带队，相关金融机构参与，主动上门为企业提供相关服务；二是以金融机构为主，在工商联电话联系的基础上，金融机构单独上门，代表工商联说好"三句话"——表达关心问候，了解企业的生产经营状况，收集企业反映的意见和建议。金融机构代工商联了解基本情况和

---

1. 参见杭州市工商联：《杭州市工商联强化"四项制度""五个坚持"，做好金融惠企工作》，杭州市委统一战线工作部网站2024年2月28日。

相关问题后，再根据实际需求开展金融惠企的服务。联合走访企业制度，一方面弥补了工商联走访企业的人力精力不足问题，可以在更大范围内加强与企业的联系；另一方面，联合走访强化了金融服务的功能，各方都看得见、拿得到实惠。[1]

### 三、商会轮动对接制度

截至 2024 年初，杭州市工商联直属商会和团体会员共 191 家，在杭会员企业近 4 万家，其中 90% 以上是中小微企业，这些企业对金融服务有着更为迫切的需要。杭州市工商联逐步推行金融机构轮动对接商会制度，让金融惠企更好地惠及广大中小微会员企业。

为了便于联系服务，杭州市工商联把直属商会分为 12 个片组，每个片组约 15 家商会。经协商，杭州市工商联把有合作关系的 11 家金融机构与各商会片组进行对接，每 3 个月轮换对接 1 次。实践中，不少金融机构反映，1 个片组约 16 家商会有核心会员超过 500 家，3 个月的对接时间明显不够。因此，从 2023 年开始，3 个月的轮换周期调整为 6 个月，银企联系更为充分、更加深入。[2] 在轮动对接的过程中，杭州市工商联主要做了 3 项工作：一是邀请各片组的牵头秘书长与 11 家金融机构业务负责人，集中在一起召开工作对接会，明确结对安排和基本要求；二是要求商会片组的牵头秘书长组织本片组的金融对接会，邀请片组各商会的秘书长、轮值会长与金融机构面对面交流情况，

---

1. 参见杭州市工商联：《杭州市工商联强化"四项制度""五个坚持"，做好金融惠企工作》，杭州市委统一战线工作部网站 2024 年 2 月 28 日。
2. 参见杭州市工商联：《杭州市工商联强化"四项制度""五个坚持"，做好金融惠企工作》，杭州市委统一战线工作部网站 2024 年 2 月 28 日。

杭州市工商联派员参会并指导；三是及时协调解决对接过程中的相关问题。不少商会反映，商会轮动对接制度不仅让不少小微企业越过柜台直接找到负责人，及时了解金融惠企的政策和产品，又极大提高了贷款融资的效率。

**四、金融指导员制度**

杭州市工商联以与建设银行的合作为契机，积极探索金融指导员驻点制度。经协商，中国建设银行杭州分行于 2021 年 6 月向全市工商联系统选派 14 位干部担任金融指导员，其中 1 人到市工商联驻点办公，13 人对应到各区、县（市）工商联指导金融服务工作。金融指导员制度有效增强了与金融机构合作的协调性，提升了工商联金融服务的专业性和系统性。[1]

杭州市工商联重点发挥金融指导员 4 个方面的作用：一是金融知识培训，结合业务部室的工作例会，请金融指导员每月讲解金融基础知识和当前的金融政策，强化业务部室的金融知识积累；二是构建工作体系，围绕金融服务的主题，请金融指导员帮助谋划工作构架，逐步建立覆盖市、县（区）两级，涵盖商会和重点会员企业的服务网络，指导金融服务工作的开展；三是助力分析研究，对企业反映的涉及金融方面的共性问题，由金融指导员牵头研究，提出思路和建议，并根据行业和商会要求创新金融服务；四是组织对接活动，金融指导员帮助协调组织走进区县、走进商会、走进民企等金融服务活动，并根据企业需求上门对接，提高了金融惠企的针对性和实效性。

---

1. 参见杭州市工商联：《杭州市工商联强化"四项制度""五个坚持"，做好金融惠企工作》，杭州市委统一战线工作部网站 2024 年 2 月 28 日。

第四章

# "智汇港湾"虹吸效应
## ——人才资源

尊重人才,便是为创新积蓄力量。

拥有人才,便是为发展创造可能。

培养人才,便是为未来播种希望。

人才是第一资源,是推动高质量发展、构筑未来发展优势的核心动能。杭州正聚焦"世界一流的社会主义现代化国际大都市"目标,重点布局人工智能、低空经济、合成生物等风口潜力产业,持续优化人才发展生态,致力于建设"全球人才蓄水池",抢占"智"高点。

## 第一节

## 战略引领：
## 顶层设计驱动产业转型

杭州人才政策的代际演进，从最初的规模驱动到现在的生态赋能，从单一的人才引进到完整的价值实现链条，实际上是一场制度创新的马拉松。在杭州，人才政策并非停留在纸面，而是融入创新生态的血液。这座城市以实践印证：人才战略的核心在于构建制度环境，激发创新要素的活力。通过制度创新释放治理效能，正是杭州在全球人才竞争中持续领跑的关键。杭州人才政策的发展历程，深刻诠释了一座城市如何通过制度创新与生态构建实现从传统产业基地向全球数字经济高地的跨越式转型。

### 一、二十余年磨一剑的人才战略

习近平总书记非常注重人才战略。早在浙江工作期间，他就明确提出"人才资源是第一资源"，要求各级领导干部以"求贤若渴，爱才如命，惜才如金，唯才是用"的态度对待人才，将人才视为区域竞争和长远发展的关键要素。[1]

---

1. 参见习近平：《之江新语》，浙江人民出版社2007年版，第11页。

近年来，浙江一体推进教育强省、科技强省、人才强省建设，将人才作为科技创新的第一资源，全方位培养、引进、用好人才，持续推动科技创新和人才强省首位战略走深走实，为加快发展新质生产力、推动高质量发展提供坚实人才支撑。

1. 2003年：擘画党管人才的"四梁八柱"。

浙江省委率先成立人才工作领导小组，组织部内设人才工作办公室，以组织化手段凝聚管理合力。

2003年12月，浙江省委以一次划时代的全省人才工作会议实现政策体系构建与制度迭代升级双轮驱动。破题之年，锚定人才强省的历史坐标，发布《关于大力实施人才强省战略的决定》等"1+10"系列文件，坚持党管人才原则，以制度创新破解"谁来管"的核心命题。这次会议，成为浙江人才治理体系现代化的关键起点。

基于2003年党管人才机制的启动，浙江省2004年在全国率先将市、县党政领导人才工作目标责任制纳入省级专项考核体系，通过考核指挥棒层层压紧压实"一把手"抓"第一资源"责任，5年间使人才工作的站位显著提升。浙江省以制度创新求解、书写"人才治理主体使命"的时代答卷。

2010年，浙江省第二次人才工作会议发布《中长期人才发展规划纲要（2010—2020年）》，确立在经济社会发展中人才优先发展的战略布局。2011年，浙江全域实现省、市、县三级人才强城规划与"十二五"专项计划全覆盖。2017年，浙江省第三次人才工作会议以"高水平建设人才强省"为号角，出台《高水平建设人才强省行动纲要》，通过领导小组架构提格（省委、省政府主要领导分任正副组长）、述职评议扩面（市、县、乡三级书记全覆盖）、建立人才容错免责机制（党政正职动态调整机制）三大抓手，政策全面优化，治理能力提升。

2019年，浙江省实施"鲲鹏行动"计划。作为一项旨在推动制造业高质量发展的战略性政策，其核心目标直指培育千亿级龙头制造业企业，并在杭州通过首批46家入选企业的示范效应，构建起覆盖产业链关键环节的"千亿级企业培育库"。[1] 这一举措，不仅体现了杭州在长三角经济圈中谋求产业能级跃进的坚定决心，更折射出杭州在G20峰会之后加速经济结构转型、抢占全球产业链高地的强烈愿望。从政策设计框架来看，"鲲鹏行动"并非孤立的企业扶持计划，而是深度嵌入杭州市"数字经济第一城"的战略。作为其有机组成部分，聚焦破解制造业"大而不强"的结构性矛盾，通过龙头企业的牵引作用重塑产业链生态，特别是在人工智能、高端制造、生物医药等战略性新兴产业领域形成"头雁效应"。在首批入选的46家企业中，既有海康威视、吉利控股等已具备国际竞争力的行业巨头，也有诸如中控技术、启明医疗等细分领域的"隐形冠军"。这种梯度化培育策略，既使短期内的规模突破具有可能性，又为中长期的技术创新储备了爆发潜力。数据显示，政策实施首年的2019年，入库企业平均研发投入强度已达5.2%，大大高于全市规上工业企业3.1%的平均水平。这种以创新投入为硬约束的遴选机制，实质上构建了动态优化的"创新筛选器"。

2. 2021年：以人才工作的"确定性"应对时代变局的"不确定性"。

新时代全球产业变革浪潮正以前所未有的广度和深度重构发展格局，以人工智能、量子信息、生物技术为引领的新质生产力突破性崛起，不仅推动生产要素配置方式发生颠覆性重构，更对传统人才治理

---

1. 参见《杭州表彰首批46家"鲲鹏"企业，除了阿里巴巴还有谁》，浙江在线2020年3月2日。

体系形成系统性冲击。产业边界加速消融催生跨学科复合型能力需求，技术迭代周期缩短倒逼终身学习体系重塑，绿色低碳转型战略牵引人才的社会价值转向。在此背景下，人才政策面临重重挑战。知识生产方式的革命性变革引发供需结构错配风险，数字技术深度渗透导致传统技能加速贬值，全球创新要素流动格局变化加剧人才竞争白热化。

作为改革开放先行地的浙江省，敏锐捕捉到这场变革的本质矛盾：唯有通过人才治理体系的系统性变革，才能在新旧动能转换中掌握发展主动权。新质生产力的培育绝非单纯叠加技术资源，而是需要不断改进创新生态的整体架构——突破传统学科界限对人才评价的束缚，建立跨领域协同的能力培养机制，同时打造适配新型生产关系的制度支撑体系。这种认知迭代促使浙江省将人才战略从常规政策优化提升至省级治理现代化框架下的体系性革新，通过科技创新与制度创新的协同共振，探索出一条以人才治理现代化驱动生产力跃迁的新路径。

从2003年至2021年，18年后再出发。2021年，浙江省发展改革委和省委组织部印发《浙江省人才发展"十四五"规划》，提出实施"浙商青蓝接力工程"和新生代企业家"双传承"计划，发挥老一辈企业家"传帮带"作用，推动年轻企业家事业、责任、文化传承发展。着力构建"职业院校＋企业"双主体培育、"学校教学＋企业实训"双方案培养、"课堂＋实训平台"双场景教学、"学校教师＋企业师傅"双师化育人、"学校学生＋企业学徒"双身份成长的"双元制"职业教育新模式，推进建立职称评审"直通车"机制，开展"百名顶尖人才集聚""万名博士集聚"等六大行动。该规划明确，到2025年形成一支拥有百名领军人才、千名骨干人才、万名后备人才的创新型浙商队伍，构建高技能人才培育体系。

绵绵用力，持续深耕。浙江省以制度创新将党管人才化为发展基

在浙江省湖州市长兴县职教集团（雉山校区）举行的 2024 年全国行业职业技能竞赛第四届全国智能楼宇及空调职业技能竞赛制冷空调系统安装维修工赛项决赛现场，参赛选手参与制冷空调系统安装维修实操技能比拼　中新图片／谭云俸

因，为人才强省战略注入不竭的"红色动能"，系统破解"谁来管""管什么""怎么管"的治理命题。通过考核制度化、规划体系化、领导小组实体化、述职常态化等 10 项创新举措，完成党管人才理论范式转化，最终形成具有先行示范价值的战略闭环管理模式。浙江的探索表明：坚持党的领导，正是人才工作破浪前行的根本航标。这场前所未有的"人才觉醒"，正在为中国式现代化书写最鲜活的浙江答案。

## 二、产业转型中的破局之道

筑起引凤巢，招来金凤凰。

2006年,时任浙江省委书记的习近平同志就指出,"现代社会早就告别了烟囱林立的'大工业时代',进入了信息化时代"。传统工业难以支撑起可持续的经济发展,提出"要充分发挥人才在技术创新中的关键作用,加快科技成果向现实生产力转化,使经济发展真正走上依靠科技进步和提高劳动者素质的轨道"。[1]

跨世纪时期遭受的产业阵痛与人才困局,生动反映出中国式现代化进程中的共同命题。当21世纪的曙光照亮西湖时,杭州这座兼具工业基因与创新精神的城市,正经历着产业迭代的艰难蜕变。从20世纪60年代国家定位的"综合性工业城市"到世纪之交的"工业兴市"战略,杭州钢铁集团、杭氧集团等重工业巨擘构筑起产业长城。2000年前后,杭州市正处于工业化与服务业并进的关键阶段,机械制造、化工纺织等传统产业还在以47%的占比支撑起城市的经济,但此时数字经济的春潮也在西子湖畔悄然涌动。

2003—2004年,淘宝网与支付宝的出现及其在人们日常生活中的应用,划开数字经济时代的天幕。此时,新旧动能的碰撞也凸显出人才断层的致命短板。传统制造业仍沿用国企改制与乡镇企业发展模式,装备制造业产能占全省四分之一却难觅冷箱设计师,软件工程师缺口让数字经济引擎难以全速运转,暴露了教育供给与产业需求的错位,这种结构性矛盾深刻映射出发展模式的代际鸿沟。人才结构失衡的深层症结,是教育供给的"贫血"。2003年杭州市人才总量只有80万,本专科在校生不足50万,硕士研究生及以上学历人才仅8.46万,单薄的人才家底相较武汉、广州等教育重镇有着明显的历史欠账。高层次

---

1. 习近平:《之江新语》,浙江人民出版社2007年版,第169页。

人才短缺，严重制约产业升级。虽然2000年杭州市发布了《关于进一步做好各类人员进杭落户有关工作的通知》，撤销人口控制机构，并将学历落户放宽至大专，但高层次人才引进仍依赖个案协商，缺乏系统化支持体系。直至2004年杭州市委人才办的破冰之举，以"创业扶持＋户籍改革"的组合拳开启了人才年均8.7%的黄金增长期。2010年，杭州市启动全球引才"521"计划，即用5年时间，面向全球引进20个以上海外优秀创业创新团队，100名以上带着重大项目、带领关键技术、带动新兴学科的海外高层次创业创新人才。但是，这一时期服务能级不足、市场化程度偏低等问题依然存在。真正打通任督二脉的，是2014年"信息经济一号工程"带来的系统变革。这一剂融合政策创新与市场活力的良药，使数字经济与人才集聚密切配合，推动人才格局迈上新的台阶。[1] 这表明，城市产业升级不仅需要新兴产业的强势崛起，更需要人才结构的同步优化。杭州，以坚忍勇毅的战略定力跨越"人才－产业"鸿沟，已然成为中国城市转型升级实践的生动注脚。

2015年，"人才新政27条"的出台，标志着杭州人才政策进入体系重构期。该政策通过建立"5+1"人才分类体系，将人才划分为A—E 5类并增设"偏才专才"通道，彻底打破唯学历、唯职称的传统评价模式。其创新性，突出体现在3个方面：一是构建"1+X"政策体系，形成涵盖45项实施细则的操作体系；二是设立20亿元政府创业引导基金，推动人才评价标准从行政认定转向市场认可；三是首创职务发明成果收益分配机制，允许研发团队获得70%以上收益。这些制度突破，使杭州在政策实施首年即实现人才总量增长16.7%，其分类评价

---

1. 参见朱森第：《从王星记、张小泉到阿里巴巴、海康威视——杭州市产业演进轨迹与发展》，《财经》2024年第23期。

机制被国务院列为改革典型案例,并直接带动上海、成都等20余个城市跟进效仿。根据杭州市统计局发布的数据,到2024年,杭州市数字经济人才规模达百万级,城市数字经济核心产业增加值占全市GDP比重提升至28.8%。

2016年11月7日,杭州推出《关于深化人才发展体制机制改革、完善人才新政的若干意见》,进一步完善了"人才新政27条",直接指向充分发挥市场在人才资源配置中的决定性作用,给予用人单位更大自主权。杭州还创新性地引入扶持中介组织、猎头机构等市场主体,组建杭州人才猎头专业委员会,探索政府和市场合作引才的新模式。[1]

在"十四五"期间,杭州市人才政策呈现精细化、协同化、数字化、智能化的特征。2021年杭州市调整落户政策,将学历门槛提升至硕士,博士生活补贴增至10万元,凸显政策导向从规模扩张转向质量提升。在长三角一体化战略背景下,杭州与黄山等城市共建人才驿站,创新"飞地"模式,吸引50余家长三角企业入驻高铁东站枢纽,实现人才要素跨区域高效配置。在服务保障体系方面,2024年度杭州市发放高层次人才住房补贴资金共计6.8亿元。[2] 杭州市还为企业提供"一站式"精准服务,打造"余省心"企业(人才)综合服务数字化平台,在人才、金融、审批等环节形成全周期服务闭环;走访服务企业9400余家次,兑现政策涉及企业1108家、2345次,兑付金额4.42亿元。[3] 同年,杭州推出数字技术工程师培育项目,标志着人才政策与前沿产

---

1. 参见《杭州出台22条人才新举措,给用人单位以更大的自主权》,《浙江日报》2016年11月8日。
2. 参见《杭州市财政局关于下达2024年度杭州市高层次人才住房补贴资金的通知》,杭州市住房保障和房产管理局网站2025年2月17日。
3. 参见《余杭良渚打造创新创业"好地方"》,《杭州日报》2025年3月7日。

业需求的深度结合。这种前瞻布局，必将为其建设世界重要人才中心提供持久动能。在政府治理层面，杭州构建的"亩均论英雄"评价体系，把人才密度与创新强度纳入政绩考核核心指标。

纵观 2003 年以来这 20 余年的发展历程，杭州始终遵循"问题导向－制度创新－生态迭代"的演进逻辑。早期通过 2004 年户籍新政打破人才流动壁垒，中期依托"人才新政 27 条"构建市场导向机制，当前则着力打造长三角协同网络。其成功经验主要包括：一是建立动态调整机制，如 2019 年修订《高层次人才分类目录》，新增数字经济紧缺人才类别；二是形成政策组合拳，从"5050 计划"的千万级创业资助到"鲲鹏行动"计划的产业链人才培育，构建多维度支持体系；三是推动治理模式转型，通过"杭州人才码"实现 62 项服务"一码通办"，将政务服务效率提升至分钟级响应。

杭州的经验深刻揭示：既要保持制度创新的战略定力，又要构建适配产业发展需求的政策调节机制。面向未来，杭州仍需着力破解高端人才供给不足、国际人才社区建设滞后等挑战，通过深化长三角人才一体化机制、创新"揭榜挂帅"科研组织模式以及完善数字人才培育体系，持续巩固其全球人才高地的战略地位。

第二节

## 市场适配：
## 人才与产业实现双向奔赴

人才是推动高质量发展的先锋队和主力军。让人才这个"红利"释放更多"活力"，关键是在优化人才"引育用留"全链条上下真功、求实效，做到人尽其才、才尽其用、用有所成。要做到因地制宜，聚焦优势引才；因势利导，创新机制育才；因材施用，立足实际用才；因时而进，优化保障留才。用才是留才的根本。

### 一、人才要"引得来"，更要"留得住"

"人才各有所宜，用得其宜，则才著；用非其宜，则才晦。"据统计，2024年末，杭州市常住人口为1262.4万人，与2023年末常住人口1252.2万人相比，增加10.2万人。[1] 人才总量突破300万人，其中，95后人才净流入占比高出全国总体流动人才0.7个百分点，标志着杭州市已从"人口红利"向"人才红利"的转型中开辟出新路径。[2] 这一数字的背后，折射出的不仅是人口规模的增长，更是创新要素在城市空间

---

1. 参见《2024年杭州市人口主要数据公报》，杭州市统计局、杭州市社会经济调查队网站2025年3月11日。

2. 参见《2024中国城市"95后"人才吸引力排名》，智联招聘2024年12月2日。

中的迸发。2025年，余杭区计划将人才总量提升至50万人，其中顶尖人才与领军型人才的引进目标明确指向高质量人才储备。[1]这种规模扩张与质量提升并行的特征，与杭州独特的产业结构和政策设计密不可分。杭州人才总量的不断扩张，既是区域经济生态持续向好的必然结果，也是城市发展战略的具象投射。

在人才质量上，杭州呈现明显的高学历化与技术密集化趋势。2025年浙江省高层次人才洽谈会数据显示，参会求职者中博士占比达39.3%（836人次），硕士占比达53.6%（1139人次），且海归人才在两类群体中分别占50.47%和77.87%。[2]这种高浓度智力资本的汇聚，与"杭州六小龙"企业群的崛起形成共振，其核心岗位普遍要求硕士及以上学历，部分尖端职位年薪突破百万元，形成对顶尖人才的强吸附效应。这类企业不仅聚焦传统意义上的"硬科技"，更在人工智能、脑机接口、空间智能等前沿领域开辟新赛道，客观上倒逼人才结构向交叉学科、复合能力方向演进。例如，在群核科技团队中，既有来自夸夸雷利·西蒙兹（QS）世界大学排名前50高校的博士，也包含国家级海外高层次人才。这种"学术＋产业"的双重背景，成为杭州新兴科技企业的典型人才画像。[3]

杭州各区域间存在人才结构的互补性与集聚效应。作为核心引擎，滨江区以47万人才总量构筑起全城18.3%的智力资本储备，其年均3.5万的增长速率与信息传输、软件信息技术服务业37%的人才吸纳占比

---

[1] 参见《杭州余杭区：汇聚人才新动力 共建城市新中心》，中国日报网2022年11月7日。

[2] 参见《杭州新春年薪百万岗位接连出现》，《杭州日报》2025年2月24日。

[3] 参见《"杭州六小龙"首个IPO启动，实探求解：杭州为何能孕育出"六小龙"？》，《证券日报》2025年2月17日。

形成强关联,印证了"产业吸附"对人才流动的决定性作用。余杭区超45万人的人才存量,则呈现不同的择业倾向:作为阿里巴巴总部所在地,在其人才结构中,既包含电商运营、云计算等传统数字领域从业者,也涌现出深度求索、云深处等硬科技企业所需的交叉学科人才。存量迭代与增量创新的并行,使区域人才密度突破每3人中有1名技术人才的临界点,催化出显著的集聚溢出效应。相比较而言,两区虽同属数字经济重镇,但发展路径的差异化造就了人才结构的互补性——滨江区偏向成熟产业的技术深化,余杭区侧重前沿领域的开拓试水。这种区域分工,客观上构建起人才流动的"双循环"体系。

引得来,在于留得住;留得住,在于用得上。

## 二、市场驱动的产业需求是"留才"核心动力

杭州,这座自古以来以西湖美景与人文底蕴著称的城市,如今正以另一种姿态屹立于时代潮头。当全球城市竞相争夺人才时,杭州却以独特的市场逻辑书写着八方聚才的新篇章。漫步于未来科技城,阿里巴巴西溪园区内穿梭的年轻工程师与梦想小镇里埋头编程的创业者,构成了一幅生动的创新图景;在滨江区的海康威视总部,人工智能算法团队正在为全球安防系统注入智慧基因;在余杭区的宇树科技实验室,四足机器人已能完成复杂地形的自主导航。这些场景背后,是杭州以市场力量重构人才生态的深层实践。在2025亚布力论坛第25届年会上,中国科学院原院长白春礼深刻揭示了这一现象的本质:"杭州已经构建了人工智能的创新系统,不断培育新的创新企业,成为人工智能产业发展的强劲动力。"这种动力的源泉,既不单纯依靠政策红利的短期刺激,也不止步于传统产业的规模扩张,而是通过人力资本

位于杭州余杭区的梦想小镇依托未来科技城良好的人才和产业优势，致力于打造成为众创空间的新样板、信息经济的新增长点、特色小镇的新范式、田园城市的升级版和世界级的互联网创业高地　中新图片／柱子

密集型产业的集聚效应、知识技术密集型企业的创新裂变、创业生态系统的自我进化，形成人才与城市共生共荣的良好生态，并进入良性循环。

城市吸引力构成的多元性，是理解杭州人才现象的核心视角。从表面上看，薪酬优势和生活补贴是最直接的因素，但更深层次的驱动力在于产业生态与城市气质的契合。产业势能，已然转化为人才发展的"机会密度"。产业升级对人才规模的牵引作用，具象化为可量化的演进轨迹。以阿里云、海康威视、新华三为基底的算力与边缘计算能力，叠加"杭州六小龙"企业的应用层突破，形成了从基础设施到商业落地的完整创新链条，为人才提供了从技术研发到产业化的全周期参与可能。产业与人才的共生效应在创新生态中尤为突出，例如，在地方政府主导的科技孵化计划培育的科技项目中，准独角兽企业研发团队规模在成长周期内呈现指数级扩张，凸显创新链对人才聚合的加速效应。相较于传统制造业岗位需求的平缓增长，脑机接口、空间智能等未来产业展现出强劲的就业吸纳能力，这种差异化的增长态势正推动人才结构在质量升级中实现规模突破。

市场在资源配置中起决定性作用，在杭州体现为民营资本与创新企业的深度结合。当其他城市仍依赖政府主导的产业基金时，杭州早已建立起市场的创业投资生态。截至 2024 年底，杭州全年民营经济增加值预计占 GDP 的比重为 61.5%。年末私营企业 92.1 万家，占企业总量的 90.1%。规模以上工业民营企业 6391 家，占规模以上工业企业数的 88.9%，实现增加值 2604 亿元，占规模以上工业增加值的 59.1%。民间投资占固定资产投资总额的 49.4%。民营企业货物出口 4475 亿元，增长 10.6%，占全市货物出口的 75.2%。[1] 这种格局催生了独特的"五分钟拍板投资"文化。游戏科学团队开发《黑神话：悟空》的经历便是明证：初创期获得动漫产业专项扶持资金后，民营资本迅速跟进，最终使这款国产 3A 作品进入全球市场，其取景地杭州灵隐寺的文化符号也因此走向世界。市场力量的精妙之处在于，它既能通过"杭州六小龙"这类标杆企业创造高薪算法工程师岗位，也能在产业链末端催生 DeepSeek AI 培训师、人工智能运营等新兴职业，形成多层次就业生态。这种由市场需求牵引的岗位创造机制，使杭州数字经济从业者占比远高于传统制造业城市。

---

1. 参见《2024 年杭州市国民经济和社会发展统计公报》，杭州市统计局、杭州市社会经济调查队网站 2025 年 3 月 20 日。

人才与城市的双向奔赴，在市场机制作用下升华为更具生命力的生态关系。当应届博士毕业生选择杭州，他们不仅看到10万元生活补贴，更看重阿里云提供低成本算力带来的技术红利，这本质上是由市场竞争催生的基础设施优势。当海外工程师落户滨江区，吸引他们的不仅是百万购房补贴，更是海康威视与新华三等知识密集型产业构建的技术生态与发展前景。这种产业集聚产生的"知识溢出效应"使个人成长速度远超孤岛式创新环境。市场对人力资本的定价机制同样发挥作用，宇树科技为机械结构工程师开出的30万元年薪，深度求索给全栈开发工程师60万元的薪酬包，既体现技术稀缺性价值，也倒逼人才持续提升技能。这种"高薪－高要求－高成长"的正向循环，使杭州年轻人才浓度位居全国前列。

2014年6月，巴西世界杯揭幕战的场景深深地印在强脑科技创始人兼CEO韩璧丞的脑海里——28岁的截瘫青年朱利亚诺·平托（Juliano Pinto），在全球数十亿观众的注视下，借助基于脑机接口技术开发的辅助装置，开出了巴西世界杯的第一球。2015年，韩璧丞创立脑机接口公司"强脑科技"。现已跻身"杭州六小龙"之一的强脑科技，与马斯克的Neuralink公司成为全球两家融资超3亿美元的脑机接口企业。从智能仿生手起家，仅用了7年时间，强脑科技就在2022年实现全球首个便携式高精度脑机接口产品10万台量产，突破了消费级脑机接口设备的工程和技术难题。如今，站在余杭塘路与景腾路交叉口，可以看到强脑科技的研发中心与阿里巴巴达摩院比邻而立，晚归的科研人员常在隔壁的"海创食堂"边吃边讨论算法优化。这种"咖啡馆遇见院士"的创新氛围，正是杭州市用10余年时间构建的独特人才生态——既提供攀登科技高峰的云梯，也保留人间天堂的生活诗意。

如果说科技创新是"0到1"，产业创新就是"1到100"，两者的融合就如同接力赛的交接棒。杭州跑出漂亮的交接棒，科技成果转移转化是关键一招。韩璧丞感慨："脑机接口技术的产业化极其艰难。"这是因为，应对处理大脑100多亿个神经元发出的信息，需要不断挑战科学和工程的极限。为加快脑机接口产业化，杭州又将其作为未来重点产业布局，并在研发、场景等科技成果转移转化中给予全链条扶持：组建起良渚实验室等一批强大的科研支撑机构，在全国率先将智能仿生手纳入残疾人辅助器具目录，在杭州亚残运会开幕式上首次使用智能仿生手点燃主火炬，强脑科技一时享誉全球。[1]

在市场生态中，政府的角色实现了创造性转化。当其他城市忙于设定人才目录、审批研发项目时，杭州市选择做"沉默的赋能者"：为高层次人才提供"购房补贴+共有产权房+租赁补贴"组合保障，覆盖从入职到安居的全周期需求；推出"杭商学堂"培训项目，帮助企业对接浙江大学MBA课程资源。服务型政府的定位，恰如其分地弥补了市场机制在公共品供给上的不足。这种"政府搭台、企业唱戏"的模式，政府不设定技术路线，只引入以结果为导向的竞争性评审机制，既保留了企业的创新自主权，又确保了公共资金的精准投放。在政策工具创新上，通过"人才码"系统的数据追踪功能，动态捕捉人才在创业支持、子女教育等方面的需求，使补贴发放从"大水漫灌"转向"精准滴灌"。这种"有所为、有所不为"的治理智慧，既守住了风险底线，又释放了创新空间。

站在今天的时点回望，杭州的人才战略实践给予启迪：城市的生命力不仅在于政策的优惠力度，更在于能否激活人才价值实现的市场

---

1. 参见《"杭州六小龙"引发"神秘东方力量"》，杭州市投资促进局网站2025年1月16日。

化通道；不仅在于短期人口数量的攀升，更在于人力资本与产业升级的协同进化。当深圳、南京、山东等地都在追问为何培育不出"杭州六小龙"时，其答案早已彰显于良性循环的创业投资生态里，铭刻于"给钱不干预"的政策哲学里，融汇于年轻人背着电脑包涌入地铁站的晨光里。杭州这座城市用自身的生动实践表明，真正的人才高地从来不是规划出来的，而是在尊重市场规律的基础上，让创新要素自由流动、自发集聚、自然生长的结果。润物无声，正如清冽的西湖水滋养杭城一样，市场机制这只看不见的手，正以更深刻的方式构建着人才与城市的命运共同体。

第三节

## 深度融合：
## 产学研用一体化新范式

在钱塘江畔的创新创业热土上，一场关乎城市未来的人才变革正悄然改变着发展格局。当数字经济浪潮席卷全球之际，杭州以本土培养与全球引进双轮驱动战略，在产学研深度融合的实践中开辟出新的人才发展路径，这种既深耕本土又胸怀寰宇的辩证思维，不仅折射出城市发展的战略智慧，更彰显着中国式现代化进程中人才工作的创新突破。由此，杭州市逐步探索出一条具有鲜明特色的城市人才发展之路。

### 一、以产业需求为指引，人才的本土培养 + 全球引进

从浙江大学实验室中外科研团队的无缝协作，到未来科技城海归创业者的技术攻坚；从职业院校实训车间与生产线的高度同步，到跨境孵化器中创新要素的全球流动，杭州市正以系统性思维构建着具有全球竞争力的人才生态体系。

人才生态的竞争优势最终体现为系统韧性。杭州市构建的多层次保障体系，从"一人一议"的顶尖人才服务到青年人才的"青荷计划"，从50亿元科技成果转化基金到人才共有产权房制度，形成了覆盖人才全生命周期的支持网络。这种生态建设的深层逻辑，是将人才发展融

入城市治理体系：当人才公寓与地铁规划同步设计，当外籍人才社区毗邻国际学校布局，当创业孵化器嵌入城市创新走廊，人才需求已然成为城市规划的重要坐标。正是这种系统思维，使杭州在人才竞争中始终把握主动权。2023年新入选省顶尖人才11名，新认定高层次人才3.5万名。[1]2024年1—11月，杭州市新引进35岁以下大学生38万人，连续多年突破30万人，根据杭州市制定的目标，2025年要再引进35万名35岁以下大学生。[2]所有这一切，无不展示着这座创新活力之城对新生代人才的强大吸引力。

人才战略的制高点，从不在于简单的数量积累，而在于构建起教育链、人才链与产业链、创新链的深度咬合。杭州市积极构建"产业＋平台＋人才"培育模式，推动高等院校、科研院所、龙头企业、社会机构等共建产业人才培养平台；深化与浙大城市学院、浙大杭州科创中心等院校平台合作，探索建立全省首个卓越工程师实践基地，2名人才、2个创新团队荣获首批"国家工程师奖"。立足在杭高校专业基础，结合产业人才急需，挖掘校企合作的契合点、链接点，创建浙大集成电路产业学院、浙科大机器人产业学院等省级重点现代产业学院18个。鼓励科教平台与地方合作建设产业园区，探索"科学家＋企业家＋投资家"协同创新机制，2023年，全市技术交易额超1509亿元，国家级科技企业孵化器数量连续11年居全国省会城市首位。高标准推进未来智造、信息技术2个省级特色产业工程师协同创新中心建设，以"国际化培训""技能大师培养""公共实训""技能竞赛""工匠学

---

1. 参见《2024年杭州市政府工作报告》，杭州市人民政府网2024年2月5日。
2. 参见《杭州，榜榜有名》，潮新闻客户端2024年12月31日。

院"五个人才培育平台为基础，搭建技能人才培育体系，加大高端技能领军人才培育。[1] 截至2024年6月，已建成技能大师工作室635家，其中国家级8家。[2]

以产业需求为坐标系重构人才培养体系，杭州市通过《关于深化新时代"杭城工匠"高技能人才队伍建设的实施意见》，明确2027年技能人才总量达280万人、高技能人才100万人的目标。该实施意见强调"供需平衡"，围绕智能物联、生物医药等五大产业生态圈，实施"四大计划"，包括优化技能评价机制、建立培训联盟、试点"新八级工"制度等。以产业需求倒逼教育改革实践，打破传统人才培养的路径依赖。职业院校"卓越人才千系列"计划与五大产业生态圈形成精准对接。例如，杭州职业技术学院通过该计划在双高建设期内培养1万名紧贴产业需求的技术人才。浙江机电职业技术大学与网易有道等企业共建产业学院，将AIGC、具身智能机器人等前沿技术融入课程，开展"订单式"人才培养。杭州科技职业技术学院是浙江省第一批开设人工智能专业的高职院校，2024年毕业的首批学生，有85%已经在智能制造、智慧城市及电商服务三大领域就业，为企业输送了一批数据采集、数据标注、AI模型训练与测试、系统集成与运维等岗位人才。

在全球化竞争格局中，人才工作早已突破地域界限。唯有将本土培养的适配性与全球引进的先进性有机统一，才能在数字经济主战场上形成战略优势。"全球聚才十条"与"开放育才六条"形成政策闭环，企业海外研发中心成为反哺本土产业链的技术策源地，"三定三评"评

---

1. 参见《杭州市推动人才集聚与产业发展同频共振》，浙江省经济和信息化厅网站2025年3月31日。
2. 参见《蓄力打造高技能人才强市——全市已建成技能大师工作室635家，产生直接经济效益近23.5亿元》，杭州日报公众号2024年6月20日。

价机制为特殊人才开辟绿色通道，这些制度创新实质上是在优化人才价值实现通道。钱塘新区发布的紧缺人才目录不仅成为职业教育的培养指南，更牵动着全球引才的走向。杭州电子科技大学、浙江理工大学的前沿学科建设与量子计算等尖端领域的突破，实现了教育供给侧改革与产业需求侧升级的同频共振。而50亿元科技成果转化基金的设立，则架起了实验室与生产线之间的转化桥梁。[1] 这种多元化人才生态体系，既以战略耐心涵养本土人才的成长沃土，又以全球视野构建开放包容的创新生态，使杭州在数字经济人才集聚度上持续领跑。

　　面对全球人才竞争白热化的现实挑战，杭州展现出中国城市参与国际人才治理的智慧。当某些地区还在用简单高薪吸引海外人才时，杭州已构建起"平台聚才、生态留才、事业成就人才"的完整体系。西湖大学以全球顶尖科研环境汇聚50%以上的海外引进人才；北京航空航天大学杭州创新研究院集聚250名国家级领军人才，并通过"双聘制"让他们同时服务于高校和企业，这昭示着全球智力资源与本土创新土壤的深度融合。更具战略眼光的是，杭州在美国硅谷、日本东京等地设立跨境孵化器，以"离岸创新"模式实现人才"为我所用"而不必"为我所有"。这种柔性引才机制，开创了全球化背景下人才竞争的新范式。推出"FIND HZ"计划，在人社部"CHINAJOB"网站上开通全国首个城市频道"魅力杭州"，首批吸引1138名海外人才来杭参访交流。深化人才定向招聘，通过举办"专精特新企业""工业设计"等专业人才春季校园专场招聘会等，协助企业引进专业技能人才。杭州市连续13年入选"外籍人才眼中最具吸引力的中国城市"，国家

---

1. 参见《50亿！杭州将设立科技成果转化基金》，《杭州日报》2022年12月1日。

创新型城市创新能力评价居全国第五。[1] 在全球化时代，人才竞争的本质是制度环境的竞争，是创新生态的竞争，是文化包容度的竞争。杭州正在探索的恰是一条具有中国特色的国际人才循环路径。

站在新起点上回望，人才规模的持续扩大不仅体现在数量的增长，更表现为创新要素的深度整合与系统优化。本土高校留杭率全省第一与海归人才净流入率全国首位并存的格局，见证着本土培养加全球引进双轮驱动战略的现实成效。但是，杭州的探索远未止步，当人工智能、生物医药等新兴产业不断提出新的课题，当全球人才流动格局面临新的变数，如何让评价激励机制更精准识别产业急需的"专才"？如何在跨境数据流动中构建更高效的知识共享体系？职业教育如何应对技术迭代加速的挑战？对这些问题的解答，将决定着杭州能否在人才竞争的下半场继续保持领先优势。杭州的人才发展实践，犹如一面多棱镜，既折射出中国城市转型升级的共性挑战，也映照着破解人才瓶颈的创新智慧。

这表明，当本土培养的根基性与全球引进的先进性在产学研融合中实现价值共振，当制度创新的锐度与城市温度的感知形成合力，人才工作就能突破地域界限，在全球化坐标系中提供独具特色的中国方案。这种实践探索的价值，不仅在于为杭州培育了数字经济新优势，更在于为新时代人才强国战略提供了鲜活的地方样本。在构建新发展格局的征程中，这样的创新突破必将绽放出更加绚丽的光彩。

---

1. 参见《杭州市推动人才集聚与产业发展同频共振》，浙江省经济和信息化厅网站2025年3月31日。

## 二、人才活水激荡创新沃土

杭州市的产学研结合实践，是一部以人才为笔、以创新为墨、以产业为纸的崭新篇章。在新时代的浪潮中，杭州始终将人才视为最活跃的生产要素，通过政策破冰、机制创新、平台赋能的多维共振，让科研工作者的智慧结晶突破实验室的围墙，让企业家的市场嗅觉嫁接学术的前沿洞察，让政府的服务触角延伸至创新链条的毛细血管，最终在之江大地上绘出科技与经济深度融合的秀美画卷。

杭州市的产学研结合实践，正以人才效能为核心驱动力，在创新链与产业链的交织中形成独特的发展范式。其成功密码，不在于简单的技术引进或资本堆积，而在于构建起人才价值深度释放的创新生态系统。当高校实验室的智慧火花与产业车间的技术需求精准对接，当科研工作者的学术追求与企业家的市场嗅觉深度契合，这座城市的创新引擎便迸发出超越地理界限的能量。杭州模式诠释了一个重要命题：在知识经济时代，人才效能的最大化不在于个体能力的单向输出，而在于形成让创新要素自由流动、深度融合的生态体系。

政府主导的政策设计，为人才效能释放奠定了制度基础。2024年，余杭区产学研项目补助额度不高于活动实际发生费用的50%，每家企业单次补助最高不超过500万元。[1] 这种突破常规的财政杠杆，撬动的不仅是企业研发投入，更改变了创新要素的配置方式。政策鼓励校企联合研究院建设，对中小企业与行业巨头实行"平等支持"。这种设

---

1. 参见《关于征集2024年余杭区产业发展活动补助项目的通知》，杭州余杭门户网站2025年1月10日。

计，打破了传统政策中资源向大企业倾斜的惯性，科技型中小企业获得与行业巨头同等的政策支持，创新市场的"长尾效应"开始显现。同年，余杭区新增市级科技企业孵化器 17 家，省级科技企业孵化器 5 家，3 家众创空间入选省级备案众创空间，新增数位列全省第一。截至 2024 年 12 月 13 日，余杭区共有国家级孵化器 8 家，省级以上孵化器 22 家。国家级众创空间 15 家，省级以上众创空间 33 家。[1] 这种"蚂蚁雄兵"式的创新矩阵，本质上是通过制度创新激发微观主体的活力。杭州市政府深谙创新生态的培育之道，将产教融合联盟、实训基地、混合所有制学院等载体系统集成，形成从人才培养到成果转化的完整闭环。这种制度设计，打破了传统产学研合作中"重研发轻转化"的思维定式，使工程师学院培养的生物医药人才可以直接参与企业技术攻关，让数字经济研究院的理论成果能即时转化为商业实践。

高校与科研机构的角色转型，为人才效能转化注入了新鲜血液。城市是大学的温床，大学是城市的灵光。浙江工商大学与沃镭智能的合作案例，揭示了新型产学研关系的本质变革：高校不再是封闭的学术孤岛，而是演变为创新网络的节点。"技术经理人"制度的建立，实质上构建了知识流动的"毛细血管"，让深藏于实验室的专利技术能够沿着市场需求的脉络精准输送。钱塘区 14 所高校与 25 万师生构成的创新群落，通过数字化平台实现产学研要素的智能匹配，这种"区校共生"模式重新定义了城市与高校的关系——高校不仅是人才储备库，更是驱动区域经济发展的创新引擎。众多国内外知名高校在此设立研究院或分校，进一步丰富了杭州的高等教育资源。

---

1. 参见《余杭再增五家省级科技企业孵化器》，《科技金融时报》2024 年 12 月 13 日。

产业需求的精准牵引，为人才效能落地提供了明确方向。浙江大学半导体材料研究所的技术攻关之所以能达到国际先进水平，根本原因在于其研究导向始终锚定 LED 产业的共性技术瓶颈。这种问题导向型创新模式，使学术研究不再是空中楼阁，而是成为支撑产业升级的基石。在数字经济与高端制造领域，政产学研用对接活动创造的 261 个合作项目，本质上是通过需求端倒逼创新链重构，让人才智慧沿着产业升级的轨迹精准发力。生物医药产业工程师学院的设立，更具启示意义，它将人才培养直接嵌入产业细分领域，使教育供给与产业需求实现分子级别的契合。这种深度耦合的创新机制，使人才效能释放不再依赖偶然的技术突破，而是形成持续稳定的创新产出。随着 AI 技术渗透影像产业，行业面临 AI 影像专业人才断层危机。在此背景下，浙江工业大学人文学院联合喔图，率先共建校企合作培养体系，为破解人才困境提供有效方案；银湖研究院采用"项目驱动"联培模式，联合企业攻克 40 余项核心技术，推动电机智能制造等领域成果转化。

平台化运作模式，则成为人才效能放大的倍增器。杭州城西科创大走廊的实践表明，当教育、科研、产业三大系统在空间载体上实现物理集聚，就会催生创新裂变。这个创新走廊不是简单的资源堆砌，而是通过"六位一体"机制实现要素的化学融合，其核心在于开发了人才、技术、资本自由流动的"创新场域"。在杭州技术转移转化中心，全国首个成果转化领域的人工智能大模型刚刚完成升级迭代，能够分析预测超 9.6 万家企业的潜在技术需求 125 万项，并把这些需求跟科研机构的成果对接，为它们搭起智能匹配的桥梁。[1] 杭州技术转移转化

---

1. 参见《杭转中心又上央视啦》，杭州技术转移转化中心公众号 2025 年 2 月 16 日。

中心的智能匹配系统，本质上是在数字空间再造了一个创新生态系统。当技术需求与解决方案的匹配效率提升至算法级别，创新活动的边际成本将呈几何级数下降。这种虚实结合的创新平台，既保留了面对面碰撞的思想火花，又获得了数据驱动的精准匹配，形成了具有杭州特色的创新范式。

人才效能的持续释放，需要创新文化的深层滋养。2020年以来，西湖区与13所高校合作的1035个项目，其深层是容忍失败、鼓励探索的文化土壤。杭州产学研结合之所以能孵化出100余个转化成果，关键在于构建了"从实验室到生产线"的全周期支持体系。这种支持不仅是资金投入，更是对创新规律的尊重。越是颠覆性的技术突破，越需要与时间做朋友的战略定力。实训基地累计培训324万人次的数字背后，是终身学习理念的制度化实践，它确保人才效能不会因为知识更新停滞而衰减。2024年4月18日，西湖大学/西湖实验室成果转化基地在杭州紫金港科技城正式揭牌启用。西湖大学正在创建世界一流的新型研究型大学，已产出30多项重大原创成果，累计孵化45个科技成果转化项目。在揭牌之前，西湖区和西湖大学的区校合作已长达6年，共同培育出高科技企业38家，准独角兽规模企业7家，总估值超140亿元。[1] 这些资本，既不像短期套利者那样计较论文转化率，也不似急功近利者苛求季度财务报表，而是以"辨材须待七年期"的耐心，等待基础研究的量变积累。正如深度求索公司开发DeepSeek-V3大模型时，资本不仅提供了资金活水，更导入算法优化经验与商业合作网络，将技术研发的"孤独长跑"转变为多方协力的

---

1. 参见《杭州城西科创大走廊，揭牌首个成果转化基地》，钱江晚报客户端2024年4月21日。

西湖大学云谷校区　中新图片／王刚

"创新接力"。这种创新文化的独特之处在于,它将传统浙商的务实精神与现代创新意识相结合,既追求科技成果的市场价值,又保持对基础研究的战略定力。

在长三角一体化战略纵深推进的背景下,杭州的实践为新时代产学研结合提供了鲜活样本。其核心经验在于:将人才效能释放视为系统工程,通过制度创新打通要素流动壁垒,借助平台构建提升创新效率,依托文化培育形成持续动力。这种创新生态的构建,造就了杭州市2024全年技术交易总额1441亿元的直接效益[1],更重要的是形成了具有自我进化能力的创新体系。当高校教授与企业工程师在联合实验室

---

1. 参见《2024年杭州市国民经济和社会发展统计公报》,杭州市统计局、杭州市社会经济调查队网站2025年3月20日。

共同攻关，当青年学子在产教融合基地获得实战经验，当国际智力通过跨区域合作注入本地产业，杭州正在书写着创新驱动发展的新范式。杭州的探索表明，产学研结合的终极目标，不是单项技术的突破，而是打造人才价值充分涌流的创新生态体系，这正是建设创新型国家的关键所在。选择杭州，就是选择一个充满无限可能性的未来！

第五章

# 要素集聚，链式协同
## ——成本优势

打造链式协同是效率的体现，通过优化资源配置，提升生产效率。

降低营商成本是利润的保障，通过控制支出投入，提升盈利能力。

控制时间成本是市场的利器，通过改革治理架构，赢得客户青睐。

减免纳税成本是发展的动力，通过优化营商环境，激发创新活力。

作为中国数字经济的先行城市，在生产性服务业与数字经济的双重驱动下，杭州逐步从"电商之都"向"科技之城"转型，形成了一条以高端服务业为支撑、数字经济为引擎的高质量发展范式。

第一节

## 供应链优势：
## 全要素生产率跃升

　　杭州是中国经济快速发展的前沿城市。供应链领域的突破性进展已使杭州成为观察中国经济转型升级的重要窗口。2021年7月，杭州被商务部等八部委评为首批全国供应链创新与应用示范城市之一。2022年9月，杭州入选工业和信息化部首批产业链供应链生态体系建设试点城市。杭州成为全国少数同时获得这两个国家级称号的城市。

　　杭州在数字经济与实体经济深度融合中形成了独特生态优势：通过技术突破与资源整合的双重驱动，构建了高效协同的成本控制机制。这一优势不仅体现在区块链技术应用（如浙商中拓供应链溯源系统）和数字化平台建设（如传化智联智慧物流平台）带来的全链条效率提升，更源于"城市大脑"等治理工具推动的资源配置方式变革，最终形成"有为政府+有效市场"的良性生态闭环。

### 一、高效协调的仓储物流体系

　　物流是实体经济的"筋络"，是畅通国民经济循环的重要支撑。有效降低全社会物流成本，有助于促进社会资源配置效率最优化和效益最大化。2024年，浙江省社会物流总费用占GDP的比率为13.52%，低于全国 0.58 个百分点。[1]

高效的仓储物流体系，需要解决"用地缺"问题。浙江省鼓励物流业"上楼"，开发多层物流园区、自动化立体仓库，提高物流开发强度，驱动物流项目"向空中要效益"。空港物流园区和下沙保税物流中心等园区配备智能仓储管理系统，其中传化公路港被列为首批国家示范物流园区。近年来，杭州重点推进萧山国际机场东货运区规划、江东物流园区及白鹿塘无水港建设，完善绕城周边物流枢纽布局，并通过补强西部城乡物流节点提升多式联运能力。在物流枢纽规划方面，杭州着力整合陆港型、空港型、生产服务型和商贸服务型四类国家级枢纽功能，推动复合型枢纽建设。江东物流园区拟打造为陆港型国家物流枢纽核心载体，萧南、临平北、富阳西等物流园则作为生产服务型枢纽支撑。通过优化空间布局，杭州正加快创建商贸服务型国家物流枢纽，统筹既有物流园区功能定位，实现全域物流设施网络协同发展。

高效的仓储物流体系，需要解决"通行难"问题。如企业主要反映货车进城限制比较多、跨境通关效率不够高等问题。对此，杭州市放宽城市物流车辆通行限制，允许轻型封闭式货车自由通行，让"最后一公里"不再卡壳；推动宁波舟山港"24小时预约通关"，对高时效货物优先查验，实现跨境电商的包裹"即到即飞"。同时，《浙江省有效降低全社会物流成本行动方案》还强调："鼓励供应链链主企业、物流行业龙头企业搭建物流信息平台，强化产业链上下游车、货、仓等资源集成共享。"这就直击了当前运输返程空载痛点——"空车虽然跑得快，不如满载更加实在"。

高效的仓储物流体系，需要解决"费用贵"问题。围绕企业反映的

---

1. 参见《降低全社会物流成本，浙江有了行动方案》，《浙江日报》2025年4月3日。

融资难、融资贵等问题，杭州市加大力度服务广大企业积极争取中央资金等政策支持，鼓励金融机构创新"运费贷""仓单质押"等金融产品，让"真金白银"流向企业。同时，围绕企业关心的进一步加大税费减免力度等诉求，《浙江省有效降低全社会物流成本行动方案》提出落实好研发费用税前加计扣除、大宗商品仓储设施城镇土地使用税优惠等减税降费措施，同时积极争取铁路运价下浮、优化公路差异化收费政策等，让物流企业跑出"性价比"。

高效的仓储物流体系，离不开完善的基础设施建设。契机发生在亚运会的举办，杭州牢牢把握住2018—2022年的交通建设发展黄金机遇期。2018年10月，杭州围绕全力打造国际性区域交通枢纽要求，正式启动现代综合交通大会战，打响"5433"工程这场关键性战役：新建总里程552公里的快速路和高速公路，新建400公里轨道交通，新建总里程350公里的铁路线，还有运河二通道、铁路西站枢纽、萧山机场T4航站楼及综合交通中心项目等水陆空三大枢纽工程齐头并进……多项重大交通工程项目在前开路，形成了集航空、铁路、公路、水路、城市轨道交通、城市快速路网等多种交通方式共同发展的内外交通格局，构建了现代化物流设施体系。

港口是浙江省最大的战略资源和特色优势，外贸货物90%以上通过港口运输。当前，浙江省正在打造"服务最优、成本最低、效率最高"全国港口营商环境最优省。浙江省自2024年创新推广"浙江e港通"模式，把浙江海港的海关服务、港口服务、船公司服务，全面前移到内陆地区，企业在"家门口"就近提箱、报关查验、预约进港，做到"两关如一关、两港如一港、陆港如海港"，货物装箱时间提早1至2天，准班出运率超90%。海事部门加快推广"集装箱海运准点降本"计划，帮助国际航行集装箱船舶全程以经济航速预约进港、准班到港。2024

年以来，该计划惠及挂靠宁波舟山港船舶907艘次，减少船舶待港时间1.27万小时，助力航运企业节约运营成本约3.2亿元。宁波舟山港作为世界第一大港，港大、货多、船密，浙江针对国际船舶在泊非作业时间过长问题开展攻坚，坚持"硬建设"和"软提升"两手并重，在加快港口基础设施建设的同时，联合各口岸单位，实施优化查验、完善登临、数据共享等五大机制10项举措，切实提高船舶周转效率。目前，宁波舟山港国际航行集装箱船舶在泊非作业时间已平均缩减40分钟。

杭州物流成本的优化，并非单纯依赖硬件投入，而是通过数据驱动的动态调度系统实现资源的最优配置。杭州摒弃了传统仓储设施单一功能叠加的扩张模式，转而探索物理空间与数字空间的复合赋能。加快建成梅山等3个智慧港口，完成高速公路繁忙路段和高等级重要航道数字化改造提升各1000公里以上，实现通行和过闸效率分别提升20%和5%。菜鸟网络依托阿里巴巴的电商生态，将订单处理时间缩短至分钟级。这种实时响应的能力，使仓储布局从静态的"中心化"模式转向动态的"分布式"网络，有效规避了传统物流中因预测偏差导致的冗余仓储成本。同时，杭州还突破了传统物流对专用运输工具的依赖，创造性地开发城市公共资源的复合价值。在非高峰时段，地铁系统承担快递运输。这种错峰运力调配，不仅避免了轨道交通资源的闲置，更将地铁准点率高、路线固定的特性转化为物流时效保障的核心竞争力。

新技术的应用，显著提升了杭州仓储物流体系的效率和灵活性。智慧物流技术的推广，培育了一批技术领先企业，推动了物流专业化、信息化和智能化发展，使杭州成为行业标杆。多家企业在技术创新方面取得突破：菜鸟网络研发无人车、无人机配送系统及电子面单技术，被列为国家级试点单位；传化公路港提出的智慧物流模式获国家五部委推广；圆通物流信息实验室落地桐庐；海康威视等7家企业获批邮政行业

华东地区首批无人驾驶货物牵引车在浙江杭州机场机坪内完成测试。图为两辆机坪无人驾驶货物牵引车在智慧仓储物流基地附近牵引货物　中新图片 / 王刚

技术研发中心；迅蚁获批全球首张城市物流无人机试运行"牌照"；顺丰智能物流园实现仓储分拨一体化运营；新松公司物流自动化设备成功应用；10家本地企业入选省级物流新模式试点。全球智慧物流枢纽杭州eHub（集散仓）项目通过航空智能物流设施与跨境集货仓的有机组合，将机场货运区转化为国际供应链的数据处理中枢。这种设计，不仅提升了航空货运能级，更关键的是将海关监管、货物分拨、数据交换等功能集成于同一物理空间，有效压缩了国际物流的中间环节成本。

## 二、产业集群与信息共享

产业集群的地理集聚效应从更深层次调整了供应链的成本结构。

杭州市产业集群通过区域集中布局，形成了高度协同的产业链网络。以人工智能产业为例，其企业集中在余杭区、滨江区、西湖区等杭州东北部区域，形成从基础层（传感器、算力平台）、技术层（算法开发）到应用层（智慧物流、医疗）的完整链条。通过打造"1+6"产业集群（信息产业、文化创意产业、旅游休闲产业、金融服务产业、健康产业、时尚产业和高端装备制造业），推动了杭州产业集聚和协同发展。环杭州湾纺织业集群，通过将原材料采购半径压缩至50公里以内，不仅降低了运输成本，更通过产业配套的密集化形成了即时生产能力。汽车零部件企业的精益生产模式，使丰田系企业的采购成本较传统模式低8%。这种成本优势的根源在于产业集群内形成的社会信任网络——企业间长期稳定的合作关系降低了交易中的摩擦成本，而共享的行业标准与技术平台则减少了重复研发投入。

杭州的产业集群，并非简单的物理空间聚集，而是依托数字技术实现了虚拟垂直整合。阿里云工业互联网平台连接10万家制造企业，通过数据共享将设备利用率提升15%。这种基于数据流动的资源整合，突破了地理边界，使中小企业能够以近乎零边际成本接入全球供应链网络。杭州在滨江区打造了"中国数谷"数据要素创新集聚区，构建了"三数一链"（数据交易所、数联网、数字证书、区块链）的数据交易框架和基础设施体系，推动了数据合规免责、沙盒监管、数据确权等机制的初步探索。建立跨境电子商务物流信息服务平台，利用国家交通运输物流公共信息平台（LOGINK）数据交换服务，实现中国（杭州）跨境贸易电子商务综合试验区信息服务平台与电商企业、仓储企业、物流企业、支付企业的数据交互；通过浙江电子口岸通关服务平台，实现与政府监管部门的数据交互。建成流畅、功能齐全的供应链信息平台，大力推进物流条形码（BC）、电子数据交换（EDI）、管理信息系统（MIS）、射频技术（RF）、全球定位系统（GPS）、企业资源计划（ERP）的普及和应用，建立信息共享机制，使信息技术和网络技术在供应链领域的应用处于全国领先地位。

目前，杭州城西科创大走廊以39公里的"创新动脉"串联起梦想小镇、未来科技城等创新地标，当视线沿着这条"数字丝路"向西延伸，轰鸣的机械臂与跃动的数据洪流将人引入青山湖科技城的核心现场——这里不仅是浙江省超五分之一省属科研机构的栖息地，还拥有416家规上工业企业、464家国高企、31家科研院所，培育出国家级专精特新"小巨人"企业15家、国家级"单项冠军"示范企业4家、省级专精特新中小企业68家、省级未来工厂12家、市级未来工厂11家等，形成了以高端装备、生命健康、新材料、集成电路为主导的产业集群，创新指数连续多年居全省第一梯队。[1]

聚焦杭州未来科技城，它正加速推动未来技术多路径探索和交叉融合，全力构建层次分明、梯次发展的"1+3+X"未来产业体系——"1"是以"人工智能+"行动为引领；"3"是主攻未来信息、未来空间、未来健康三大特色未来产业；"X"是类脑智能、量子信息技术、人形机器人、空间计算等若干高潜力产业。而这些充满"未来感""科技感"的新动能，将全面提升核心竞争力，为杭州未来科技城的增长目标攒足后劲，力争创建国家级未来产业先导区、核心区。

在数字经济与实体制造的碰撞中，装备制造业已占据未来科技城规模工业74%的版图。"钢板进去，压缩机出来。"位于余杭区的钱江制冷未来工厂，生产车间几乎看不到工人的身影。钱江制冷2024年新晋

---

[1] 参见《全省前列！12家上榜》，青山湖科技城公众号2024年12月13日。

级为省级未来工厂,运用数字孪生、人工智能、大数据等新一代信息技术,革新生产方式,压缩机年产量可达 6000 万台,成为行业中的佼佼者。推动数字化转型、智能化升级,激活发展动能,这是杭州数字经济与制造业深度融合的生动缩影。[1] 在杭州市政府描绘的产业图谱中,集成电路与高端装备制造的双引擎已轰然启动,杭氧集团等龙头企业带动着产业链上下游的智能化蜕变,未来科技城三分之一的制造企业正在将"数字神经元"植入生产流程,这场由数字经济驱动的产业革命,正将西子湖畔的创新势能转化为高质量发展的澎湃动能。[2]

政策创新与制度供给,为数据成本优势的持续释放提供保障。杭州市政府将供应链优化纳入城市发展战略,通过设立产业链应急保障专班、推行"白名单"企业制度等措施,构建了风险共担机制。更具前瞻性的是数据要素市场化改革。杭州数据交易所通过确权定价机制使企业合规获取外部数据资源。这种革新突破,显著降低了数据获取成本。

### 三、智能化的管理体系

技术创新驱动的流程再造,从微观层面创建了成本控制范式。蓝鲸 ERP 系统的深度应用,使采购周期缩短 20%;自动化对账系统,将人工差错率降至 0.3% 以下。这些看似细微的效率提升经过供应链全链条的累积放大,最终形成显著的规模效应。老板电器的未来工厂通过数字孪生技术实现全流程追溯,将供应链管理成本大大降低。这种

| 1. 参见《细数 2024 杭州工信经济这一年》,《每日商报》2025 年 1 月 27 日。
| 2. 参见《杭州:双创活力增,发展底气足》,《经济日报》2019 年 6 月 12 日。

技术渗透，不仅改变了成本核算方式，更重构了企业价值创造模式。实时数据反馈能够自动优化生产计划，使传统供应链中因信息滞后而导致的库存积压成本自然消解。杭州企业的技术创新具有鲜明的"需求导向"特征，蓝鲸 ERP 系统针对中小企业的模块化设计，避免了盲目追求技术先进性带来的沉没成本。这种务实的技术路线，确保了创新投入与成本回报的动态平衡。

供应链成本优势的溢出效应，正在调整杭州的经济社会结构。降低的物流成本使农产品流通半径扩大，社区团购平台得以将生鲜类产品价格压降 15%，这种普惠效应提升了城市居民的实际购买力。制造企业节省的供应链成本转化为研发资金，形成创新投入与成本优化的正向循环。2024 年，高新技术企业数量超过 1.62 万家，跨境电商企业借助国际物流通道将运营成本降低 30%，推动"杭州制造"向"杭州品牌"转型。作为数字经济的主要承载地，杭州城西科创大走廊常住人口已近百万，其中 20—44 岁人口占比高达 58%，年轻化、高知化特征明显。[1] 这种人力资本结构的升级，又反过来强化了供应链的智能化水平，形成人力成本与技术创新协同优化的发展路径。[2]

成本优势的可持续性，源于杭州供应链体系的自我进化能力。当多数城市仍在单一维度优化物流或生产效率时，杭州已从技术创新、制度创新、组织创新三个层面建立起支撑体系：区块链技术确保供应链数据的不可篡改，降低了交易验证成本；沙盒监管机制允许企业在可控范围内试错，减少了制度性交易成本；链主企业带动的"1+N"

---

1. 参见《汇智之城杭州：数字之城风生水起，城区人口突破千万》，澎湃新闻公众号 2025 年 1 月 4 日。
2. 参见《杭州今年计划引进 35 万 35 岁以下大学毕业生，以数字经济人才为主》，潮新闻客户端 2023 年 2 月 26 日。

生态模式,则通过规模效应摊薄创新成本。这种系统化创新,使杭州的供应链成本优势具有抗周期特性。在经济波动期,柔性供应链能够快速调整产能配置;在经济增长期,数据驱动的预测系统可提前锁定低成本资源。正是这种动态调整能力,使杭州在面临全球供应链重组挑战时,仍能保持制造业利润率高于全国平均水平2.3个百分点。

杭州实践的逻辑在于,现代供应链的成本优势已从单纯的成本削减转向价值创造。当企业通过供应链协同将研发周期缩短,当产业集群通过数据共享将设备闲置率降低,这些改变在本质上就是通过提高资源配置效率而创造新的价值空间。杭州供应链体系的建构,旨在通过重构生产关系释放生产力潜能。这不是零和博弈中的成本转移,而是通过系统创新实现的全要素生产率提升。这种模式为城市经济转型升级提供了可参考的范式:以供应链为纽带,将技术红利、制度红利、组织红利转化为可持续的竞争优势,最终在降本增效中实现经济质的有效提升与量的合理增长。

在世界百年未有之大变局加速演进的复杂背景下,杭州供应链发展的实践为中国参与全球产业链变革提供了典型案例。通过数字技术赋能打破传统供应链线性结构,依托民营经济活力培育多层次创新主体,借助制度创新提升要素配置效率,杭州构建起兼具韧性与弹性的新型供应链生态。这种探索,不仅关乎单个城市的发展定位,更折射出中国经济从要素驱动向创新驱动转型的深层动因。日前,《区域全面经济伙伴关系协定》(RCEP)已经生效实施三周年。作为亚太区域经济一体化建设的里程碑式成果,RCEP是区域国家共享发展机遇的生动范例。未来,随着区域供应链整合深化、数字贸易规则体系逐步成型,杭州的做法或将为中国在全球经济治理中争取更多国际话语权提供实践支撑。

第二节

## 营商成本：
## 多层次降本增效机制

作为中国民营经济活跃的城市，通过系统性的政策创新，杭州在土地、劳动力、能源、原材料及交易成本等生产要素领域，创造了多层次的降本增效机制，形成了以灵活性和精准性为核心的营商环境优化路径。这种改革，不仅体现了地方政府对市场痛点的深刻洞察，更通过结构性调整将短期纾困与长期制度优化相结合，展现了城市治理的现代特征。

### 一、要素成本的弹性优化

杭州突破了传统工业用地刚性出让模式，创新性地建立了全周期弹性供地体系。通过长期租赁、先租后让等模式，企业可根据发展阶段灵活选择用地方式，避免了初期大规模土地购置对资金的占用。同时，对存量工业用地再开发、取消容积率限制的政策，实质上创新了土地价值评估体系，将土地资源从简单的空间载体转化为可迭代升级的生产要素。钱江世纪城、未来科技城等创新极核采用混合用地模式，允许研发、办公、生产功能复合叠加，大幅提高了单位土地产出效率。针对中小企业用地需求，政府推出工业邻里中心计划，将产业园区配套用地转化为共享式生产空间，有效缓解了初创企业用地成本压力。

更为关键的是，土地出让制度的柔性化改革，允许联合体竞买、分期缴纳土地款等创新方式，降低了企业初始投资门槛。这种"时间换空间"的策略，使企业能够根据发展节奏动态调整土地资源投入，避免资产沉淀带来的财务负担。这种"动态用地"理念，既缓解了城市空间约束，又激活了存量资源效能。而预告登记转让制度的试行，则通过产权交易流程再造，解决了工业用地流转中开发进度与资本退出的矛盾，形成了更符合产业规律的土地市场机制。[1]

在人才供给上，杭州创建了"金字塔型"体系。通过蓝领公寓、人才专项租赁住房等保障性住房七折租金政策，直接降低中低收入群体居住成本。针对高端人才，政府搭建产学研协同创新平台，将企业研发成本转化为社会公共智力资本。例如，滨江区与科研机构共建的公共研发服务平台，实现了实验设备、技术专利的共享复用。这种"硬成本社会化分摊、软实力市场化增值"的模式，既控制了企业直接人力成本，又通过知识外溢效应提升了全员劳动生产率。值得关注的是社保政策的精准调控，失业保险费率阶段性下调至2025年底，残疾人保障金分档减缴政策延续至2027年，形成了跨周期的用工成本缓释机制。杭州采取了"直接减负+间接补贴"的双轨策略。在社保费率阶段性下调、工会经费缓减等常规手段之外，其创新之处在于将用工成本优化与城市住房保障体系深度耦合。通过将产业园区配套住房比例提高至30%，并以七折租金提供保障性租赁住房，实际上将企业员工居住成本部分转化为公共产品供给。这种将企业福利公共化的模式，既稳定了劳动力队伍，又避免了直接补贴可能引发的市场扭曲。特别

---

1. 参见《杭州市人民政府办公厅关于印发实施"春晖计划"进一步降低企业成本若干措施的通知》，杭州市人民政府网2024年6月28日。

是在蓝领公寓与人才住房的差异化供给中，形成了梯度化的人才安居体系，使不同层次劳动力都能获得与其贡献相匹配的居住保障。[1]

在原材料与能源成本管控领域，杭州尝试全链条管理体系的创新实践。通过构建多元化气源采购网络降低用能成本，配合峰谷电价动态调整机制引导工业用能结构优化，这种系统性策略突破了传统补贴模式，正在形成市场驱动的资源配置新范式。具体而言，燃气供应端通过多渠道采购策略分散风险，电力管理端运用价格杠杆平抑峰谷差，双管齐下实现能源成本的结构性调整。对光伏项目的持续性补贴，则体现了将短期成本投入转化为长期能源结构优化的战略考量。在物流环节，通过开辟海河联运新航线、优化集装箱运输流程，实际上完善了区域物流网络拓扑结构，使原材料流通从单一陆路运输转向多式联运体系。这种基础设施的网状连接，显著提升了供应链弹性。通过打造"产业大脑"数字平台，实时对接2万余家企业供需数据，实现区域内原材料错峰采购和产能协同。在能源领域，智慧电网系统引导企业弹性调节生产时序，配合峰谷电价政策形成用能成本的自然对冲。天然气价格优惠政策的持续加码，将阶段性让利转化为长期制度性红利。更具创新性的是算力资源供给模式变革，2024—2027年，全市每年设立总额2.5亿元的"算力券"，支持中小企业共享超算中心资源，将固定投入转化为可变成本。这种从物理要素补贴向数字资源赋能的转变，优化了企业成本结构。

---

1. 参见《杭州市人民政府办公厅关于印发实施"春晖计划"进一步降低企业成本若干措施的通知》，杭州市人民政府网2024年6月28日。

## 二、交易成本的降低

杭州创造的"无感政务"新模式，大大降低了交易成本。"亲清在线"数字平台实现政策兑付"5秒到账"，将传统的申报－审核－拨付流程压缩为数据自动核验的瞬时响应。在司法保障领域，互联网法院的异步审理模式和区块链存证技术，将商事纠纷解决周期缩短60%以上。针对中小企业应收账款难题，政府搭建的账款追讨绿色通道，通过行政调解前置程序，有效降低法律维权的时间成本。这些改革，看似流程简化，实则是政府角色从管理者向服务者的根本转变，将制度性交易成本转化为营商环境竞争力。

杭州的改革，着力于制度性壁垒的破除与流程再造。取消招标文件工本费、推行保证金信用替代等举措，表面是费用减免，实质是重构政企信任关系。特别是政府采购预留40%份额给中小企业的刚性规定，突破了传统扶持政策的倡导性特征，形成市场竞争的矫正机制。在更深层面，"亲清在线"数字平台的深化应用，通过政策智能匹配和"免申即享"机制，将政策红利转化为可编程的数字化服务。这种治理工具的革新，大幅降低了企业的制度性摩擦成本。而针对"四新经济"建立的沙盒监管机制，则通过划定风险容错空间，为创新活动提供了制度缓冲区，有效平衡了规范发展与鼓励探索的关系。[1]所谓"四新经济"，就是指"新技术、新产业、新业态、新模式"的经济形态，是在新一代信息技术革命、新工业革命以及制造业与服务业融合发展的背

---

1. 参见《实施"春晖计划"进一步降低企业成本若干措施》，杭州市人民政府网2024年6月5日。

景下，以现代信息技术广泛嵌入和深化应用为基础，以市场需求为根本导向，以技术创新、应用创新、模式创新为内核并相互融合的新型经济形态。

上述这些改革措施的系统性特征，主要体现在三个层面：一是要素市场化配置从单一要素突破转向组合式创新，如土地弹性出让与用工住房保障的联动；二是政策工具从财政补贴为主转向制度供给为主，如用地预告登记制度的创设；三是治理模式改革带来的交易成本优化，从被动响应转向主动预见，如算力券、合规指引等前瞻性布局。这种改革逻辑，既契合了国家层面的营商环境优化要求，又植根于杭州数字经济先发优势，形成了"制度创新－要素重组－能级提升"的良性循环。特别是在全球产业链重构背景下，杭州通过精准降低制度性交易成本，实际上提升了区域经济在价值链中的"位势"，为市场主体创造了更具韧性的发展生态。未来，随着AI政策推送、跨境服务网络等数字化手段的深化应用，这种成本优化机制将更具智能化和穿透性特征，持续巩固其营商环境竞争力。

杭州的实践揭示出成本控制的内在法则，即生产要素的价格优势终将趋同，真正的竞争优势源于要素配置效率的提升。当土地流转速度超越土地储备规模，当人才协作网络突破雇佣关系边界，当数据资源流动替代固定资产投入，传统的成本计量维度已被颠覆。这种成本优化不是简单的减法，而是通过系统重构实现价值创造的乘法效应，为高质量发展提供了鲜活样本。杭州市以数字技术打破产业壁垒，凭借政务服务助力体系建设，通过制度创新激发要素潜能，在数字经济浪潮中开拓出转型升级的立体图景。

## 第三节
## 效能革命：
## 政务时效管理新突破

浙江省"最多跑一次"政策改变了传统行政服务模式，其核心在于通过制度与技术协同消除时间成本。建立政社时间协调机制，在信息互通、部门联动、流程优化三个维度形成治理合力，推动政务服务从效率提升向制度性成本优化跃升。

作为这场改革的策源地与示范窗口，杭州凭借其数字经济先发优势和政务服务创新基因，将时间要素嵌入治理体系的全流程再造，形成了独特的政务时效管理范式。

### 一、打破部门壁垒

在传统行政体制中，政府办事效率的低下，往往是因为信息孤岛与部门壁垒的双重制约。以企业投资审批为例，以往需依次向发展和改革、环境保护、规划等10余个部门提交重复材料，各部门独立审查且标准不一，导致审批周期冗长，企业疲于奔波。这种看似必要的程序，实质是行政系统内部数据壁垒导致的社会成本转嫁。杭州率先打破这一困局，依托全省公共数据共享平台，将人口、法人、社保等基础数据整合为统一的政务资源池。身份证核验、资质审查等基础性工作，从人工核验转向系统自动比对，不仅缩短了单次业务办理的物理耗时，更重要的是消除了因信息不对称引发的反复确认过程。在建设工程审批领域，整合发展改革、规划等八部门数据形成的自动核验系统，使审批周期压缩超五成。

这种效率提升，并非源于审批环节的简单删减，而是通过数据共享彻底削减了跨部门反复核对的隐性时间成本。信息孤岛的破除，从根本上消解了重复验证的时间损耗。群众或企业办理业务时，系统自动调取所需信息，无需重复提交纸质证明。

例如，企业办理施工许可时，原本需向建设、消防、人防等部门分别提交用地规划、消防设计等材料，改革后通过数据共享实现"一表申请、并联审批"，材料提交次数减少近八成，审批周期从数月压缩至数周。这种数据驱动的流程简化，本质上是通过技术手段消解了部门间的信息不对称，将原本分散的行政资源转化为协同治理的合力。部门间高效协同配合，有效降低了行政系统内部的摩擦成本。在传统科层制架构下，部门职能分割形成的制度性壁垒，使跨部门事项办理往往需要经历串联式审批流程。在"多评合一""联合验收"等创新实践中，杭州将环境保护、能耗、水土保持等分散评估整合为区域整体评价，企业只需符合统一标准即可快速准入。区域整体环评完成后，入驻企业无需单独开展环评，仅此一项即可节省六成以上的前期准备时间。同时，联合验收机制的推行，将规划、消防、档案等 10 余个部门的验收环节整合为"一次上门、综合查验"，消除了企业因为多次配合验收而停工待检的隐性成本。此举不仅避免了单个项目重复评估的资源浪费，更将评估时间从累计数月的"串联模式"转变为数周的"并联模式"。

2023 年，浙江省政府将政务增值化服务定为打造浙江优质营商环境的"一号改革工程"。杭州市各区县的政务中心相继成立了专门的企业综合服务中心,对辖区内的企业进行全方位、全链条、全流程的跟踪服务,助力企业高质量发展。这些企业综合服务中心,不再局限于政策咨询窗口的单一功能,而是化身资源配置平台,通过跨部门协同作战,将政府资源、市场力量与社会主体编织成一张精密的服务网络。在上城区某制造业企业资产重组困局中,这个机制接受着实战检验:"企业自持厂房无法进行资产重组"的求助工单呈交到杭州市审管办企业综合服务中心的案头,这个看似简单的产权问题,正牵动着政务服务改革的深层脉搏。该企业因历史遗留政策限制,陷入固定资产盘活困局。窗口人员所面对的,不仅是产权证明上的技术性难题,更是一道涉及多部门协同、跨政策周期衔接的复杂难题。杭州市审管办企业综合服务中心在产权登记簿与政策文件堆中抽丝剥茧,试图在"不允许买卖"的刚性条文与企业资产重组的发展诉求之间,寻找既能守住政策底线又能释放市场活力的平衡点。就像医生会诊需要建立诊疗方案,政务服务也需要形成标准化的解题流程。政务服务从"守界"到"破界"的进化图谱,正在浙江大地展开新的叙事维度。

## 二、流程再造与材料精简

流程再造与材料精简,切中传统行政冗余的痛点,带来结构性优化,大幅减少了政务服务的绝对时间消耗。杭州在"标准地"改革中,将用地规划、能耗标准等前置条件公开化透明化,企业拿地前即可明确建设要求,拿地后直接进入施工阶段,省去了传统审批中层层请示、反复修改方案的时间损耗。

浙江省湖州市德清县试点的"标准地"改革具有典型意义,将审批环节转化为事前标准公示,用地审批流程从数月缩短为"承诺即开工"模式。过去从拿地到开工需经历数十个环节、耗时半年以上,"标准地"模式则在三个月内完成全部流程。这种制度创新,改变了"先申请后审查"的被动审批逻辑,建立起"标准公开－企业承诺－过程监管－信用约束"的新型治理框架,使时间成本从事后审查向事前规范转移。杭州市西湖区聚焦工程项目审批流程"关联多"、批后监管"衔接难"、验收环节"效率低"等问题,创新"审验联动"新模式,从"流程再造、优化服务、数智赋能"等方面开展全生命周期服务,推动工程项目建设提质增效。在实现工程项目审批事项"一网通办"的基础上,聚焦项目全生命周期,梳理形成事前咨询、事中指导、事后跟踪等增值化服务清单共12项。构建红黄绿"三色预警"工作机制,提供"一对一"管家式代办服务,确保项目审批进度按计划顺利推进。

在材料精简方面,杭州将证明要件清理与数据共享深度绑定,形成"数据多跑路、群众少跑腿"的良性循环。竣工验收环节的联合验收制度,将10余个部门分头验收整合为一次性联合行动,不仅缩短验收周期,更消除了因分头验收导致的反复整改。此外,容缺受理机制的推广,允许企业在非核心材料暂缺的情况下,先行进入审批程序,材料补正与流程推进同步进行,避免了因单一材料延误导致的整体进度停滞。这种"边受理边完善"的弹性机制,体现了杭州市政府对办事流程的人性化设计,将时间成本从刚性约束转化为可调节变量。

## 三、标准化与数字化政务

标准化体系建设,为时间成本控制提供了制度性保障。浙江省统一的政务服务标准体系,将分散的地方经验转化为可复制的制度规范,避免了改革成果的碎片化回潮。热线整合归口至12345平台形成的闭环管理体系，积极响应群众诉求，使咨询、投诉等非审批类政务交互的时间损耗大幅降低。标准化建设更创造了稳定的制度预期，企业无需因地域差异调整办事策略，这种确定性本身就能降低时间规划中的风险成本。统一服务标准与电子政务的深度融合，为时间成本优化提供了制度保障与技术支撑。杭州依托全省一体化政务服务平台，将分散在各部门的办事指南整合为标准化操作手册，无论是企业注册还是个人社保办理，均实现"全市通办、一网通答"，过去那种群众为办理一项业务需反复咨询不同窗口、多次补充材料的现象大幅减少。电子证照库的全面应用，更是革新了传统纸质流转模式，企业通过"一码通办"即可调用营业执照、资质证书等电子文件，政府部门在线核验后即时办理。这使政务服务摆脱纸质材料的时空限制，打造了"即时调用、全网通认"的数字化服务模式。这种"无纸化、零跑动"的服务模式，不仅缩短了单次办事时长，更通过累积效应显著降低了企业全生命周期的行政成本。

杭州在时间成本控制上的优势，还源于其将改革实践与城市发展定位深度耦合。作为全国数字经济高地，杭州拥有活跃的创新生态与数字化人才储备，这为政务服务数字化转型提供了技术落地场景与社会接受度基础。例如，支付宝"城市服务"模块与政务平台的深度对接，使市民通过移动端即可完成公积金提取、医保报销等高频事项。同时，杭州将"最多跑一次"改革嵌入"亲清在线"政商关系建设，通过定期收集企业反馈、动态优化服务流程，形成了"需求响应－流程改进－效能提升"的良性循环。这种以市场主体获得感为标尺的持续优化机制，使时间成本的降低不再是静态成果，而是随着技术迭代与制度创新不断深化的动态过程。"浙里办"平台的线上闭环系统，将身份验证、材料提交、结果获取等环节整合为异步处理流程，群众可

浙江政务服务网"浙里办"宣传页面

自主安排碎片化时间处理政务事项，彻底改变了必须工作日现场办理的传统时间约束。移动政务平台推行的"一证通办"服务，更是将身份验证与材料调取压缩为指尖操作，使政务服务从"窗口等待"转化为"即时办理"。

从更深层次看，"最多跑一次"改革在杭州的成功实践，折射出政府治理现代化进程中"效率"与"公平"的价值平衡。在传统行政模式下，时间成本的居高不下往往伴随着权力寻租与自由裁量权的滥用，而标准化、透明化的流程设计有效压缩了灰色操作空间，使办事时长从"因人而异"变为"一视同仁"，"时间成本变得可预期、可计划"。这不仅提升了行政效率，更以制度化的方式保障了市场主体的公平竞争环境。当然，时间成本的优化并非一劳永逸。随着改革进入深水区，如何应对跨省数据共享壁垒、平衡标准化与个性化服务需求、防范电子政务安全风险等新挑战，将成为杭州持续巩固成本优势的关键。但可以预见的是，以"最多跑一次"改革为代表的治理创新，已为地方政府构建高效、透明、便民的政务服务体系提供了经验启示。这种范式转变的核心，在于始终以群众和企业的实际体验为改革导向，将技术赋能与制度健全相结合，最终实现政府效能与公众获得感同步提升的治理新格局。这种系统性改革形成的复合效应，使杭州在政府服务时间成本控制方面形成独特优势。

通过制度创新将时间要素转化为可计量、可管理的治理参数，在数据共享消除重复验证、部门协同降低摩擦损耗、流程再造压缩绝对时长、标准建设确保效率稳定、数字转型突破时空限制五个层面相辅相成、相得益彰。这种治理模式，不是对传统政务流程的修补式改良，而是通过重构权力运行机制实现时间成本的精准配置，使政务服务从物理加速转向化学提效，为现代城市治理体系创新提供可操作的实践样本。时间成本的降低，不仅体现在具体事项的办理耗时压缩，还在于通过制度性安排消除了不确定性带来的隐性消耗。

杭州的改革实践，突破了传统行政效能的改进范式，开创了制度性时间优势的新维度。这种优势，不仅体现在具体办事时间的压缩上，更体现在政社互动的时间价值体系上——将群众从行政流程的被动承受者转变为时间价值的生产者，将政府从时间资源的消耗者转变为时间效率的创造者。这种深层的制度变迁，使时间成本优势不再局限于政务服务领域，而是演化为城市竞争力的核心要素，为数字经济时代的社会治理现代化提供了具有普遍意义的实践样本。

第四节

## 税惠杭城：
## 创新政策乘数效应

从税费减免视角审视杭州的成本优势，需要穿透政策表象，深入解构其制度设计的内在逻辑与市场主体的行为响应机制。作为长三角经济圈的核心节点城市，杭州在发展具有区域竞争力的税费政策体系过程中，既遵循国家层面的制度框架，又结合数字经济先发优势进行政策创新，形成了一套多层次、差异化的政策工具箱。这种政策组合拳的持续发力，重新绘制了企业的成本函数曲线，通过降低固定成本支出、优化可变成本结构、提升边际收益空间三个方面，高效增强了区域经济主体的成本竞争优势。

**一、降低税负助力企业发展**

在增值税制度改革领域，杭州的实践呈现显著的制度创新特征。2019 年深化增值税改革后，制造业等行业税率从 16％降至 13％的政策效应在杭州得到充分释放，叠加地方财政留成返还机制的创新应用，使实际税负降幅突破了理论测算值。[1] 2023 年 1 月 1 日至 2027 年 12 月

---

1. 参见《关于对杭州市十三届人大四次会议余 52 号建议的答复》，杭州市人民政府网 2019 年 5 月 15 日。

31日，杭州市允许先进制造业企业按照当期可抵扣进项税额加计5%抵减应纳增值税税额。2023年以来，浙江托普云农科技股份有限公司享受了制造业企业研发费用加计扣除5323.92万元、高新技术企业所得税减免1130.08万元，真金白银的政策红利增添了企业发展的底气。杭州人人集团有限公司享受了企业所得税研发费用加计扣除、高新技术企业所得税减免、增值税先进制造业加计抵减等一系列税费优惠政策，2023年以来累计享受了制造业企业研发费用加计扣除4029.75万元，高新技术企业所得税减免956.31万元。[1]杭州税务部门积极发挥税收职能作用，精准落实企业所得税研发费用加计扣除等税费优惠政策，鼓励市场主体加大科技创新的研发投入，政策效应逐步显现，为企业创新发展增强了内生动力。

研发创新的税收激励政策，在杭州呈现显著的乘数效应。创新驱动发展，研发费用加计扣除政策为企业科技创新增添了底气。2023年度，随着研发投入的增加，在研发费用加计扣除比例为100%的前提下，年度减税降费综合收益超2000万元。[2]制造业企业研发费用加计扣除比例提高至100%的政策落地后，生物医药企业的研发投入转化效率发生质变。陆续出台的减税、退税、免税政策"组合拳"，为企业发展注入了强大动力。数字经济领域的税费政策创新，正成为杭州成本优势的独特支点。

针对小微企业的普惠性政策执行，杭州创造性地建立了"临界点管理"机制。它能够精准定位小微企业在政策执行过程中面临的特殊

---

1. 参见《杭州精准落实税费优惠政策》，《杭州日报》2024年12月19日。
2. 参见《"数字之城"杭州背后的"税力量"》，中国新闻网2023年4月18日。

节点和关键问题。小微企业规模小、资源有限，抗风险能力相对较弱。当面临复杂多变的市场环境和政策调整时，小微企业很容易在某些特定阶段陷入发展困境。而"临界点管理"机制就像一盏明灯，为精准找到这些"临界点"提供了有效途径。这一机制有助于政策制定者更科学合理地制定和调整政策。通过深入了解小微企业在不同阶段的实际需求和面临的困难，政策能够更加贴合实际，切实解决小微企业的痛点问题，使政策执行更加高效。在执行层面，"临界点管理"机制也发挥着重要作用。它能够让相关部门更有针对性地提供服务和支持，避免政策资源的浪费。比如，针对小微企业融资难这一"临界点"，可以通过加强金融创新、拓展融资渠道等方式来提供精准帮扶。

针对直播电商、云计算服务等新经济业态，杭州率先建立"数据资产确权－流量成本抵扣－数字服务退税"的全链条政策体系。某直播电商个体户通过"杭货通全球"计划的物流补贴政策，单件商品配送成本下降 0.5 元，配合月销售额 10 万元以下增值税免征政策，在百万级营收规模下综合税负率仅 0.35%。这种针对新兴业态的精准施策，使杭州数字经济核心产业增加值占 GDP 比重在 2024 年达到 28.8%，比 2023 年提高 0.5 个百分点，政策驱动的成本优势转化为明显的产业发展动能。[1]

## 二、征管创新助推精准施政

杭州自贸试验区的制度创新，在税费优化领域呈现独特的系统性

---

1. 参见《2024 年杭州市国民经济和社会发展统计公报》，杭州市统计局、杭州市社会经济调查队网站 2025 年 3 月 20 日。

思维，其政策设计突破了传统税收优惠的线性框架，转而从企业运营的空间布局、产业链协同、生产要素配置等多维度改善成本结构。这种创新，并非简单叠加财政返还比例或扩大税收优惠范围，而是通过精准识别产业链不同环节的成本敏感点，建立政策工具与产业特征的适配机制。在跨境电商领域，试验区采取物理空间与税收管辖空间分离的策略，允许企业将运营中心与结算中心按区域比较优势进行解耦布局，实际上是将企业的组织架构调整转化为税收效率提升路径。运营中心依托杭州的数字经济基础设施实现高效管理，结算中心则通过财政返还政策在税收洼地完成价值沉淀，这种结构分离使企业能够在不改变核心业务的前提下，将原本固定的税收成本转化为可调节变量。区内企业增值税、企业所得税地方留成部分最高 90% 的财政返还政策，

在 2024 年"双十一"期间，杭州综合保税区联合海关等部门大力支持仓播业态，通过简化商品促销报备流程等措施，助力"双十一"进口商品销售、流转。图为多辆物流货车出入杭州综合保税区　中新图片／王刚

配合"运营中心+结算中心"分离布局模式，使跨境电商企业年度税务成本大幅度下降。这种政策设计，改写了企业的空间成本函数，通过引导生产要素在物理空间与税收管辖空间上的优化配置，创造出传统降税手段难以企及的成本优势。钱塘区智能制造企业案例显示，高新技术企业15%的优惠税率与"新制造业计划"技改补贴的政策叠加，使单位产能建设成本下降22%，这种政策协同效应在装备制造、集成电路等重资产行业表现尤为突出。

在政策传导机制建设层面，杭州税务部门构建的"智能政策引擎"系统显著降低了制度性交易成本。该系统整合了杭州市27万家企业画像数据，实现税费优惠政策从"人找政策"到"政策找人"的转变。在2024年针对服务业企业的"杭40条"政策落地过程中，系统自动匹配适用企业1.2万家，政策触达时效缩短至24小时，确保300万元增值税退税资金在政策发布当月注入企业现金流。这种数字化治理能力的提升，使政策时滞较传统模式减少85%，政策红利释放效率发生质变。

在杭州税费政策的演化中，其成本优势的积累遵循了"制度创新－行为响应－生态重构"的上升路线。税务部门通过持续优化政策供给质量，将简单的税率下调升级为涵盖税基优化、征管创新、服务增值的复合型成本优势。这种制度演化，不仅体现在企业财务报表的成本项缩减，更深刻改变了市场主体的投资决策函数——研发投入的税收弹性从2019年的0.3提升至2024年的0.7，这表明税费政策已成为驱动创新投资的核心变量。当这种制度优势与杭州的数字经济基础、人才集聚效应形成共振时，便造就了具有持续性和排他性的区域成本竞争力。这种成本优势的动态维持机制，在应对经济周期波动时展现出独特韧性。在2024年全球供应链调整期间，杭州通过扩大"六税两费"

减免范围、实施困难企业房产税减免等政策工具，使制造业平均综合税负率稳定在 11.3%，较周边城市低 2.8 个百分点。出口退税"绿色通道"的 24 小时到账机制，配合智能报关系统的退税预审功能，将资金周转效率提升 40%。这种政策响应速度形成的流动性优势，在外部冲击下成为稳定企业预期的关键锚点。

杭州的实践突破了传统税费减免政策边际效益递减的局限：将政策工具从单纯的税率调节升级为由征管技术创新、服务流程再造和数字治理赋能组成的制度供给体系。以研发费用加计扣除政策为例，杭州通过"云台账"系统降低企业申报成本，政策遵从成本下降促使实际享受企业数量较政策规定范围扩大，这种"政策执行弹性"的创造，实际上是制度交易成本的革命性下降。这种成本优势的持续强化面临制度边界约束。当税费优惠强度超过财政可持续的阈值，可能导致区域间政策竞争加剧和资源配置扭曲。杭州的应对策略体现在两个方面：一是建立政策效益评估机制，通过税收乘数模型动态测算减免政策对财政收入的中长期影响；二是推动政策工具转型，从直接减免向创新激励倾斜。

当前，杭州的成本优势已进入"政策创新-要素升级-产业跃迁"的良性循环。税费减免释放的现金流持续转化为数字基础设施投资，2019—2024 年杭州数字经济领域固定资产投资年均增速达 18.7%，形成超过 2 万亿元的数字资产存量。这种资产积累，又为智慧税务系统的迭代提供应用场景，使政策精准度从行业层面细化至企业个体层面。面向未来，杭州的成本优势将和数字治理体系建设深度结合。区块链电子发票的全面推行，使企业票据管理成本大幅降低。税收大数据中心对产业链的实时监测能力，则为精准化政策设计提供可能。

第六章

## "活力青创友好圈"
## ——城市环境

城市环境，是文化传承的沃土，是创意迸发的摇篮，是惬意生活的港湾。

一脉相承的文化基因，让城市拥有灵魂，让历史与现代交融，让创业者从文化中汲取力量。

开放包容的创业环境，为梦想者提供舞台，为奋斗者开辟天地，为创新者消除后顾之忧。

宜居友好的生活环境，使城市充满温度，使自然与人文共生，使居住者在舒适中感受幸福。

第一节

# 文化基因：
# 商业文明创新传承

浙江是民营经济大省，民营经济早已是国民经济的重要支柱和主要发展力量。"十四五"以来，浙江省民营经济增加值占 GDP 比重始终保持在 67％左右，有力推动了全省经济总量迈上 9 万亿元新台阶。2025 年是"十四五"规划收官的关键之年。2025 年 2 月 17 日，习近平总书记出席民营企业家座谈会并发表重要讲话。参加会议的有杭州宇树科技公司首席执行官王兴兴、上海韦尔半导体股份公司董事长虞仁荣、阿里巴巴集团创始人马云、正泰集团董事长南存辉、传化集团董事长徐冠巨，还有 DeepSeek 创始人梁文峰、杭州科百特过滤器材有限公司董事长张应民等杰出浙商代表，他们与习近平总书记面对面交流，并建言献策。

## 一、浙商文化基因的创新与坚韧

距今 10000 年的上山文化、距今 8000 年的跨湖桥文化、距今 7000 年的河姆渡文化、距今 6000 年的马家浜文化、距今 5000 年的良渚文化……从远古走来的浙江先民，创造了一个个浙江地域文明，构成了浙商文化脉络谱系的根脉起源。

浙商是在社会主义市场经济的大潮中诞生并壮大起来的创业者和

企业家群体。长期以来,浙商不仅创造了大量的物质财富,也形成了一种独特的"浙商文化"。从文化渊源上看,"浙商文化"传承于浙江深厚的文化。从实践基础上看,"浙商文化"形成于广大浙商的创造性实践,是支撑浙商开拓进取的精神动力。浙商的新飞跃,需要"浙商文化的支撑",浙商文化是浙商之魂。[1]

当年义乌廿三里镇的货郎们肩挑货担摇响拨浪鼓,温州永嘉桥头镇的纽扣商人在全国各地走街串巷,这片土地的商业文明便在改革开放的春风中悄然萌芽。历史长河奔流不息,浙江商人用双手编织的草根经济网络,不仅重构了中国民营经济版图,更在40余年实践中淬炼出独特的精神品格。从鸡毛换糖到全球贸易,从家庭作坊到跨国集团,浙商群体始终以行动诠释着商业文明的时代内涵,他们的奋斗轨迹犹如钱江潮水,既有惊涛拍岸的磅礴气势,又蕴含着水滴石穿的持久韧劲。当第一代创业者背着帆布包踏上绿皮火车,他们或许未曾想到,这些布满补丁的行囊里装载的不仅是针头线脑,更是商业文明的种子。义乌小商品市场的雏形诞生于露天水泥板摊位,温州柳市的电器元件从家庭作坊流向全国,台州路桥的金属拆解业在田间地头孕育出循环经济产业链。这些看似微小的商业实践,实则蕴含着深邃的经营智慧:义乌商人用鸡毛换糖的原始积累,创造了全球最大的小商品集散中心;温州推销员凭借三寸不烂之舌,将低压电器铺向全国电力系统;宁波商人以船为家,在惊涛骇浪中开辟出海上丝绸之路新篇章。用分毫积累铸就商业帝国,将零散需求汇聚成规模经济,这种聚沙成塔的商业哲学正是浙商文化"小中见大"的精神内核。

---

1. 参见习近平:《之江新语》,浙江人民出版社2007年版,第209页。

全球最大的小商品集散中心——浙江义乌国际商贸城一家玩偶店铺　中新图片 / 王刚

当市场经济的大潮席卷神州大地，浙商群体展现出惊人的适应能力与创新魄力。40余年商海沉浮，浙商群体用创新打破发展天花板，用坚韧跨越转型路。在温州乐清，低压电器企业将物联网技术植入传统产品，让配电箱变成智慧能源管理的神经节点；在嘉兴乌镇，世界互联网大会的永久会址旁，桐昆集团用"一滴油"拉出全球最长涤纶丝，化纤龙头转身布局工业互联网；在舟山鱼山岛，绿色石化基地用五年时间在荒岛上建起世界级炼化一体化项目；在杭州云栖小镇，之江实验室的量子计算团队在空白领域执着探索。从模仿创新到自主创新，从代工生产到品牌创造，从价格竞争到价值创造，浙商群体在转型升级中始终保持着"弄潮儿向涛头立"的进取姿态。

## 二、从传统商业到现代企业

南宋时期,叶适提出"四民交致其用"的经济思想,打破了重农抑商的桎梏,为浙商文化注入重商基因。明清时期,宁波商帮创立中国首个过账制度,实现白银流通的信用化;绍兴酒商开放酿造工艺,将儒家伦理物化为商业仪轨。胡雪岩在胡庆余堂悬挂"戒欺"匾额,将"采办务真,修制务精"升华为行业准则,成为浙商诚信精神的象征。19世纪六七十年代,浙商在夹缝中探索现代化转型。通益公纱厂创办人庞元济引入儒家伦理管理工厂,设立"忠义津贴"激励工匠。方液仙创办中国化学工业社时,即便连续亏损仍坚持技术攻关,最终成为全国最大日化企业,展现了浙商百折不挠的精神特质。1987年武林广场大火后,张小泉剪刀以"信得过产品"重获新生,开启品质革命。2015年通益公纱厂遗址改造为手工艺活态馆,老工坊与创业园的共生关系,成为"文化+科技"融合的典范。万事利集团用AI复原敦煌藻井图案时,数字纹样库底层代码仍遵循"修制务精"的古训,彰显文化基因的现代生命力。方回春堂药方与弹孔共存的老墙、通益公纱厂遗址与创业园的时空对话,揭示了浙商精神从"器物传承"到"文化基因"再生产的路径。从1874年起,胡庆余堂一直悬挂"戒欺"匾额150年,与阿里巴巴"诚信通"平台形成跨越时空的呼应。所有这些表明,诚信作为商业文明的核心元素,与创新共同构成现代市场的运行逻辑。

在浙江,这个全国唯一的共同富裕示范区,企业家通过提供公共服务、开展对点帮扶、创立慈善基金等多种方式,踊跃投身各项社会事业,树立"先富带后富""先富促共富"的榜样。例如,虞仁荣出资在家乡宁波筹建东方理工大学,他不仅是"中国芯片首富",更是2024年胡润慈善榜上的"中国首善";传化集团创新民营企业积极参与精准扶贫,徐冠巨董事长被授予全国脱贫攻坚奖创新奖;马云公益基金会关注乡村教育,近10年来支持了近千位乡村教师,影响乡村教师和学生超百万人。富而思源、富而思进,回报桑梓、回馈社会,更彰显着中国企业家、浙江企业家厚植家国情怀的赤诚底色。

从"走遍千山万水"的脚步丈量,到跨境电商触达全球的数字突围,浙商的开拓精神在技术赋能下不断实现跃迁。义乌小商品市场从"鸡毛换糖"发展为全球供应链中心,印证了"想尽千方百计"的创新智慧。温州制鞋企业用"前店后厂"模式突破生产瓶颈,展现草根智慧对制度约束的破解。数字经济时代,当直播电商的主播展示丝绸检测报告时,他们承续的不仅是南宋"市舶司"的质检传统,更是"修制务精"的文化基因在赛博空间的当代映照。而杭州西溪园区的创业者们,不仅传承了胡庆余堂"采办务真"的严谨风范,而且用区块链技术构建供应链透明化体系。这种跨越时空的默契,让浙商在数字经济狂潮中始终保持着清醒。

### 三、浙商精神的核心价值

浙商精神历经千载演变,从"走南闯北"的生存智慧升华为"数字赋能"的创新哲学。其核心密码在于将儒家伦理转化为可执行的商业语言,如"忠义工匠"评选细则与"价值观积分系统"的精神共鸣;在技术变革中保持文化定力,如通益公纱厂档案与互联网公司的历史对话;在代际传承中实现价值迭代,浙商精神就有了现代诠释。

浙商精神就是勤奋务实的创业精神、勇于开拓的开放精神、敢于自我纠正的包容精神、捕捉市场优势的思变精神和恪守承诺的诚信精神。人们难以想象，浙江桐乡不出羊毛，却有全国最大的羊毛衫市场；浙江余姚不产塑料，却有全国最大的塑料市场；浙江海宁不产皮革，却有全国最大的皮革市场；浙江嘉善没有森林，却有全国最大的木业加工市场。改革开放初期，浙商精神具体化为历经千辛万苦、说尽千言万语、走遍千山万水、想尽千方百计的执着。今天，浙商精神则升华为千方百计提升品牌、千方百计保持市场、千方百计自主创新、千方百计改善管理的创新，从而闯出了一片创业模式的新天地，取得了令世人瞩目的辉煌成就，也使浙江人获得了"东方犹太人"的美誉。今天，发扬浙商精神，就是要不断擦亮浙江民营经济"金名片"，进一步发展壮大浙商队伍，加强民营企业梯队培育，着力培育科技领军企业、专精特新"小巨人"、制造业单项冠军、独角兽企业；促进民营经济人士健康成长，深入实施浙商青蓝接力工程，大力弘扬浙商精神、"四千精神"和新时代浙商精神，着力打造一支政治上有方向、经营上有本事、责任上有担当、文化上有内涵的高水平浙江民营企业家队伍。

第二节

## 创业环境：
## 数智赋能活力热土

之江大地，一直是广大企业家创业、发展的热土。2003 年底，浙江首开先河，举办民营企业峰会，1000 多位民企当家人走进省人民大会堂，时任省委书记习近平同志专门致信祝贺。风云浙商颁奖典礼已连续举办 20 余年，"浙商奥斯卡"的名号家喻户晓。在 2006 年浙商大会上，习近平同志指出，"浙商是中国特色社会主义事业的建设者，是发展先进生产力和先进文化的实践者，是参与国际经济合作与竞争的开拓者，是人民群众实现共同富裕的贡献者，是浙江人民的骄傲和自豪"[1]。迄今，风云浙商颁奖典礼已连续举办 20 余年，其魅力和影响力经久不衰。

### 一、杭州人才战略十年迭代与青年发展实践

2015 年，杭州市率先提出"打造创新创业新天堂"的目标，并印

---

[1] 浙江省习近平新时代中国特色社会主义思想研究中心：《从"切实转变经济增长方式"到打造"经济高质量发展先行区"——习近平在浙江关于共同富裕的探索与实践·物质富裕篇》，《浙江日报》2024 年 6 月 21 日。

发《杭州"创新创业新天堂"行动实施方案》[1]，提出到2017年实现创新创业载体高速发展、人才高度聚集、投融资体系不断成熟、创业服务体系更加完善、产出成效显著；到2020年实现创新创业体系更加优化、国内外创新创业资源有效集聚、效益大幅提升、理念深入人心、成为具有全球影响力的"互联网+"创新创业中心和创新创业者向往的"创业者的天堂"的发展目标。2017年，杭州市出台《杭州市大学生创业三年行动计划（2017—2019）》[2]，提出在三年内，力争新成立大学生创业企业5000家以上，吸引大学生来杭创业10000名以上，带动就业25000人以上；资助大学生创业项目900个左右，力争其中60%以上为杭州市重点发展的产业项目；选拔市大学生杰出创业人才60名左右；培训大学生创业企业负责人1000人次以上；征集中国杭州大学生创业大赛参赛项目3000个以上。为解决来杭大学生实际生活需求，杭州市同年出台《杭州市新引进应届高学历毕业生生活补贴发放实施办法》[3]，按相关规定向新引进到杭州工作的应届全日制硕士研究生及以上学历人员和归国留学人员发放一次性生活（或租房）补贴。2020年，杭州市首次推出杭州"人才码"[4]，实现更快更精准为每一位人才服务。2022年6月，杭州入选全国首批青年发展型城市建设试点城市。[5]杭州市委、市政府围绕"杭州对青年更友好、青年在杭州更有为"这一目标，将

---

1. 参见《杭州市人民政府办公厅关于印发杭州"创新创业新天堂"行动实施方案的通知》，杭州市人民政府网2015年12月17日。
2. 参见《关于印发杭州市大学生创业三年行动计划（2017—2019）的通知》，杭州市人民政府网2017年12月7日。
3. 参见《杭州市人力资源和社会保障局、杭州市财政局关于印发〈杭州市新引进应届高学历毕业生生活补贴发放实施办法〉的通知》，杭州市人民政府网2017年6月30日。
4. 参见《杭州"人才码"上线——政策"一键兑现"，服务"一码供给"》，浙江新闻客户端2020年5月18日。
5. 参见《杭州入选青年发展型城市建设试点城市》，《杭州日报》2022年6月7日。

青年发展融入城市发展战略。到 2023 年 5 月，建立完善青年发展型城市评价体系和青年发展监测评估等工作机制，出台体系化、普惠性的城市青年发展政策，将更多青年发展项目纳入市县两级政府民生实事项目，推动青年优先发展理念得到社会广泛认同。到 2024 年 5 月，形成成熟、可持续的青年发展工作机制，城市空间布局更加友好、优质教育供给更加均衡、就业创业条件更加普惠、成长发展环境更加卓越。2024 年 4 月，《杭州市人民代表大会常务委员会关于加强青年发展型城市建设的决定》[1] 将稳步落实加强青年发展型城市建设、促进青年全面发展摆在更加重要的战略位置；坚持青年优先发展，彰显城市青年元素；支持青年就业创业，助力青年筑梦圆梦；完善公共服务保障，提升青年生活品质；搭建青年建功平台，引导青年服务大局等政策措施，健全青年发展型城市建设推进机制。发布了《杭州市青年发展型城市建设三年行动方案（2024—2026 年）》、"春雨计划"[2]、"青荷计划"[3] 等，在就业创业、住房保障、生活品质等方面给予青年政策支持。同年，萧山区发布"青春十条"，每年投入财政资金合计近 10 亿元，力争全年新引进 35 周岁以下大学生 5 万人以上，青年人口三年内突破 100 万，与青年携手打造"青年向往之城"。[4] 围绕青年人才就业创业、居住保障、子女教育、社会融入等多个方面，为青年提供支持，推动青年发

---

1. 参见《杭州市人民代表大会常务委员会关于加强青年发展型城市建设的决定》，《杭州日报》2024 年 5 月 2 日。
2. 春雨计划，即《关于实施"春雨计划"的意见》，主要包括强化就业创业支持、完善住房保障和供应体系、有效提高生活品质和构建完善城市合伙人制度 4 个方面 16 条举措，全方位保障新市民和青年群体来杭就业创业和生活。
3. 青荷计划，即全球青年人才集聚"青荷计划"，涵盖青荷游学、青荷云聘、青荷创赛、青荷乐业、青荷工程、青荷安居、青荷礼包、青荷对对八方面内容，致力于将杭州打造成为让青年人才心生向往、人生出彩、情感归属的梦想城市。
4. 参见《萧山发布"青春十条"打造"青年向往之城"》，《杭州日报》2025 年 1 月 5 日。

展型城市建设向更高水平迈进。

2025 年,杭州市出台《关于推动经济高质量发展的若干政策（2025 年版）》[1],进一步升级"8+4"经济政策包[2],不断增强人才支撑保障,统筹推进"春雨计划"、"青荷计划"和"西湖明珠工程"[3]的实施,强化青年发展型城市建设的可持续性。

## 二、打造硬科技创业生态的"热带雨林"模式

如前文所述的"最多跑一次"改革,到现在杭州市滨江区给出的新答案——"一次也不用跑"。随着"企业开办一窗平台"在"亲清在线"上架,"实名验证＋电子签名"的全流程办理模式,让创业者坐在家里,点点鼠标就能开办企业。政府以"城市大脑"政务系统构建数字基座,将企业开办时间压缩至 1 个工作日,并通过 AI 技术赋能实现政策"一键直达"、许可事项"一键审批","一网通办"率达 98%。办事越来越方便,也成了人才选择杭州的一个重要原因。在知识产权保护方面,杭州设立全国首个互联网法院,建立快速维权机制,为创新企业保驾护航。杭州市政府始终秉持"店小二"精神,建立"亲清"政商关系。通过"千名干部联千企"等活动,政府主动对接企业需求,提供精准服务。这种制度供给与阿里巴巴生态形成共振,培育出"阿

---

1. 参见《杭州市人民政府印发〈关于推动经济高质量发展的若干政策（2025 年版）〉的通知》,杭州市人民政府网 2025 年 3 月 3 日。
2. 参见《杭州迭代升级"8+4"经济政策》,《杭州日报》2025 年 2 月 11 日。
3. "西湖明珠工程",即每年遴选 10 名左右具有成长为顶尖人才潜力的培养对象,给予每人每年 2000 万元、连续 3 年的培养经费,加大产业基金扶持力度,发现和培养具有战略科学家潜质的高层次复合型人才。

2025年5月，由之江实验室研发的中国首个整轨互联太空计算星座"三体计算星座"正式进入组网阶段。图为之江实验室外景　中新图片／王刚

里系、浙商系、海归系、高校系"四大创业军团，仅在云栖小镇就聚集了2400余家科技企业，平均每天诞生8项发明专利。更具突破性的是创业文化的嬗变：在之江实验室的量子计算团队，科学家们打破"996"工作范式，将灵隐寺的晨钟暮鼓化作灵感迸发的催化剂；在良渚数字文创园，设计师们将《富春山居图》的笔墨气韵融入虚拟现实场景创作，实现了文化遗产的数字化转译。这种"工作即生活"的场景重构，使杭州的创业活动超越了单纯的经济行为，升华为"诗意的栖居"与"技术的狂欢"的完美融合，杭州的创业生态呈现"热带雨林式"的立体生长局面。

　　培育参天大树，需要肥沃的土壤。一个城市的营商环境，直接关系到企业的活力和创新能力。杭州，创造了适合创新创业的肥沃土壤，营造了适宜创业梦想成长的气候，正吸引越来越多的优秀种子落地并竞相迸发创新活力，在这个城市长出一片森林。一个城市的创新活力，离不开人才。他们在杭州撒下的创业梦想，就是长出森林的种子。他们相信，自己撒下的种子，也能在这里茁壮成长，因为他们看到了很多种子成长为参天大树的例子。

功以才成，业由才广。杭州不断突破，优化营商环境，一大批创新创业人才因杭州的魅力而来。同样，杭州也因为这些人才的到来，进一步增强了城市的实力。这，便是"热带雨林式"的创新生态。

### 三、全方位赋能企业与人才发展

1.构建覆盖企业全生命周期的扶持体系。

2023年，杭州为大学生创业企业累计发放创业担保贷款超5亿元，提供超2400万元税收减免。高层次留学回国人员在杭创新创业项目可申请3万—100万元资助，优秀项目"一事一议"可给予最高500万元资助。[1] 这种"阳光雨露"式的政策设计，既避免了过度干预企业的自主性，又能在关键时刻为企业提供精准支持。例如，早在2017年宇树科技濒临资金链断裂时，杭州国资背景的数百万元融资及时注入，助其渡过难关。2018年，制作人冯骥带着游戏科学公司的7人初创团队来到杭州，开启了创作《黑神话：悟空》的漫漫"取经路"。其中既要面对AI算力、算法等的压力与挑战，也要面对"中国做不出3A游戏"的行业质疑，还要承担游戏产业是否影响青少年健康成长的种种社会

---

1. 参见《杭州市人民政府办公厅关于印发杭向未来·大学生创新创业三年行动计划（2023—2025年）的通知》，杭州市人民政府网2023年6月7日。

"审视"。在这"九九八十一难"中，杭州选择"雪中送炭"：需要资金，就借势第六轮动漫产业支持政策提供专项扶持资金；需要办公场地，艺创小镇就派出专员对接保障。以游戏科学、强脑科技为代表的"杭州六小龙"有一些共同的标签：都由年轻科技人才创办，都处于机器人、人工智能最前沿的科技产业领域，都属于民营小微企业，投入大、周期长、未来收益不确定性高。面对这类"硬核"科技，杭州慷慨解囊，化解企业的后顾之忧。推出"3+N"产业基金，今后将扩大到3000亿元规模；研究提出"三个15%"科技投入财政政策，着力从制度层面培育耐心资本。

2. 打造开放包容的创新机制。

杭州市政府通过"三个15%"政策，为硬科技企业提供长期支持。西湖大学科技成果转化基金允许15年退出周期，与硬科技长周期特性深度契合。这种"耐心资本"对创业项目的容错度高，更看重创业者和团队的价值及未来发展空间。2017年修订的《浙江省促进科技成果转化条例》，更以产权改革激活创新源头。该条例明确规定，赋予科研人员不低于70%的成果转化收益权，配套设立的15亿元专项风险补偿基金为127项高风险技术攻关构筑了"安全网"。[1]浙江大学计算机辅助设计与图形学国家重点实验室的医学影像三维重建技术，依托政府搭建的"创新经纪人"转化通道，仅用9.8个月便完成从实验室到深睿医疗产品的市场化跨越，较行业平均周期提速58%。这种制度性突破，不仅释放了科研主体的创新动能，更重塑了产学研协同的底层逻辑。

3. 强化企业科技创新主体地位。

---

1. 参见《浙江省促进科技成果转化条例》，浙江省人民政府网2017年3月30日。

深入实施"高新企业规上化、规上企业高新化"行动,打造"科技型中小企业－高新技术企业－新雏鹰企业－科技领军企业"的梯度培育体系。对首次认定的新雏鹰企业,给予最高 50 万元奖励;对首次认定和通过复审的高新技术企业,分别给予最高 20 万元、10 万元奖励。支持企业加大研发投入,对符合研发条件的企业给予最高 300 万元补助。支持企业参与软科学项目研究。支持企业研发总部建设,对符合条件的,给予最高 500 万元奖励。支持企业在海外设立研发机构,对符合条件的,按实到省财政补助资金的 50% 给予奖励。对市级科技企业孵化器,给予最高 30 万元运营资助。

4. 推动高能级科创平台提质增效。

建立重大科创平台财政资金评价拨付机制。实施科研机构分级分类评价,给予高层次人才授权认定名额等政策扶持。对符合条件的省重点实验室,给予最高 100 万元奖励。落实科创平台"伙伴计划",建立"平台+高校+企业+产业链"结对机制。对经认定的国家级、省级制造业创新中心,按规定给予补助。落实杭州城西科创大走廊创新发展专项资金政策,支持其高能级平台建设。在营商环境国际化方面,杭州对标世界银行标准,持续优化投资贸易便利化措施。2025 年,杭州计划实际利用外资突破 70 亿美元,成为外资企业投资中国的首选地之一。杭州企业加快"走出去"步伐,在共建"一带一路"国家布局研发中心和制造基地,提升国际竞争力。

5. 加大对高水平青年人才的支持。

为了推进科技人才在数字经济、生物医药、高端装备等重点产业领域解决"卡脖子"难题,杭州将开展科技英才登峰行动。探索校院企高层次人才"互聘共享",推广落实"产业教授""科技副总"机制,促进人才资源共享。深化"三定三评"人才评价机制,统筹推进"春雨计划""青荷计划"。实施"西湖明珠工程"，对新入选的省、市领军型创新创业团队，给予最高 500 万元补助。着力培养一批青年科技创新领军人才，吸引海内外高层次青年人才来杭发展，加大青年博士、博士后培养支持力度。引进建设世界顶尖国际学校和国际化医院，开通高层次人才绿卡直通车，为外籍人才提供人才签证便利；设立一批海外创新孵化中心，充分发挥海外人才工作站作用。此外，杭州的创新文化也更具包容性。创业者即使失败，仍被尊称为"连续创业者"。这种对失败者的宽容态度，让创新成为城市的精神图腾。正如游戏科学《黑神话：悟空》开发团队所言，杭州节奏相对更慢，房价相对不那么高，适合耐住性子打磨产品。这种文化土壤，让企业敢于尝试新技术和新模式，即使失败也能从中吸取经验。宇树科技创始人王兴兴、强脑科技创始人韩璧丞等创业者，也正是被杭州的创业氛围吸引而来。

鼓励博士后工作站建设，分别给予新设立的国家级和省级博士后流动站、工作站 100 万元、50 万元资助，对设在杭州西部区、县（市）的流动站、工作站的资助额度上浮 20%。获博士后独立招收资格的单位，给予一次性 50 万元奖励。给予博士后用人单位每人两年 20 万元日常经费和 5 万元科研资助经费。给予在杭入站博士后每人每年 12 万元生活补贴，国（境）外博士后再增加 5 万元。对获得中国博士后科学基金和省科研项目资助的，市财政按 1∶1 比例给予配套资助。对出站留杭（来杭）工作的博士后，给予 40 万元补助。为杭州市获取博士后招收名额并完成进站的中介机构，每进站 1 名博士后给予 3 万元引才奖励。每年选拔 20 名杰出创业人才培育对象，给予每人 50 万元培育扶持资金，其中 40 万元为资助资金，10 万元为进行境外高端参访和培训的资金。

对来杭工作符合条件的全球本科及以上学历应届毕业生（含毕业

5年内的回国留学人员、外国人才）发放生活补贴，其中本科1万元、硕士3万元、博士10万元；生活补贴分两笔发放，每笔发放50%，连续参保满6个月（不含补缴）发放第一笔，连续参保满12个月（不含补缴）发放第二笔。其中，对在杭州西部区、县（市）工作满3年的毕业生，再次发放相同额度的生活补贴。对来杭工作符合条件的全球本科及以上学历应届毕业生发放租房补贴，每户每年发放1万元，可发放3年，期满后收入低于城镇居民人均可支配收入的，可继续享受租房补贴，最长不超过3年；租房补贴每年度分两笔发放，每笔发放50%。符合条件的大专及以上学历大学毕业生可申请人才专项租赁住房，本科及以上学历大学毕业生可申请公共租赁住房。全日制普通高校大专及以上学历毕业生在杭落实工作可以落户杭州市区；55周岁以下博士研究生、45周岁以下硕士研究生、毕业两年内的本科毕业生可以享受"先落户、后就业"政策。

第三节

## 品质生活：
## 安居引航与青年共建

青年是创新创业的主力军，不断优化的营商环境则是青年愿意来杭的重要原因。在全国工商联"万家民营企业评营商环境"中，杭州已经连续四年排名"营商环境最好的 10 个城市"之首，同时也是国务院首批营商环境创新试点城市之一。民营经济的活力，亦是这座城市的重要特征。在全国民营企业 500 强中，杭州 2024 年共上榜 36 家民企，已连续 22 年蝉联全国城市第一。无论创业还是就业，杭州都是一个好选择。

### 一、构建青年友好型城市

青年选择就业城市，不仅关注发展机会，同时还关注城市的宜居性。截至 2024 年底，杭州已经连续 18 年获评"中国最具幸福感城市"，同时在不断提升对青年的宜居友好性，在塑造契合青年特征、满足青年需求的消费场景与社交场景方面下足功夫。青年发展型城市的建设实践，使杭州形成了独特的人才引力场。通过"春雨计划"构建的全生命周期支持体系，从"青荷驿站"的七天免费住宿，到最高 50 万元的创业担保贷款；从"就业创业一张图"的智能匹配，到"青年夜校"的文化赋能，政策设计精准对接着青年的需求梯度。更具前瞻性的是城市空间的青年友好化改造：运河亚运公园的智慧跑道记录着创业者的运动数据，武林路步行街的透明直播间成为新零售的试验场，临平艺尚小镇将服装设计工作室与 Livehouse 音乐现场毗邻布局。这种"产城人文"的深度融合，使截止到 2024 年底，杭州的青年人口占比达到 33.37%。

作为新一线城市中房价调控与青年发展政策协同作用的典型样本，杭州以其相对温和的居住成本与系统化制度设计共同塑造了独特的青年文化生态。落实"青年安居"工程，完善"配租＋配售"并举的住房保障新模式，加大公租房、保障性租赁住房供应。西湖区骆家庄社区被誉为"青年来杭第一站"，该社区通过 7 天免费住宿、就业对接、

杭州市临平区艺尚小镇是省级特色小镇示范样板。图为艺尚小镇的小桥流水、生态花园与错落有致的生态主题产业社区形成的美丽街景　中新图片／周方玲

创业孵化等组合服务，将过渡性居住空间转化为青年社交网络节点。而杭州滨江区和萧山区作为人口流入和用工需求旺盛的地区，"青荷驿站"的服务也更为广泛。数据显示，此类社区青年比例已超70%，衍生出夜间经济市集、技能交换社群等自组织形态。所有这一切都传递出一种强烈的信息——这座城市愿意接纳并关心每一个有梦想的年轻人。让年轻人先安家，再找工作。7天虽然不长，但拉近了年轻人与杭州这座城的距离，杭州的故事正在书写新的篇章。

截至2025年2月，"青荷驿站"累计接待7万人次，青年人才公寓租金补贴惠及14%新就业群体。丰富"租房信息一张图"应用场景，建立住房租赁企业"白名单"机制，支持建立市场化运作、社会化管理的青年公寓或社区，多形式满足青年住房需求。建设嵌入式托育、文化、休闲等公共服务设施，推动青年未来社区和"15分钟生活圈"[1]建设，优化青年生活居住体验，助力他们在杭州这片热土上实现人生价值、收获情感归属。

2025年杭州住房补贴政策更是将覆盖群体扩展至大专学历，补贴达5年共15万元。此类政策，使杭州在青年可负担性指标上优于多数高房价城市，成为吸引年轻人口的关键因素，同时低居住成本也为青年创业提供缓冲空间。杭州推出"创业担保贷款50万元＋项目资助30万元"政策，配合"青荷驿站"免费短租服务，降低创业初期风险。此外，青年创业者可通过社区积分兑换办公场地使用权，形成"居住－工作－社交"一体化生态，配套"市民码（青年版）""就业创业一张图"数字化工具。数据显示，2024年杭州个体工商户同比增长6.92%，

---

1. "15分钟生活圈"是指社区居民15分钟步行圈内，至少有3个公共文化设施，让大家能够便捷地找到城市书房、社区影院、健身广场等公共文化空间，享受高品质的公共文化服务。

青荷礼包发放43.7万人次，其价值不仅在于每年300元的交通文化补贴，更在于将市政服务转化为青年融入城市的"数字钥匙"。通过市民卡APP集成人才码、青荷码等数字身份，青年群体在申领礼包过程中自然完成城市服务系统的接入，这种"服务即连接"的设计使政策落地过程同步实现数字治理能力的提升。在钱塘科学城等创新集聚区，政策进一步升级为"空间＋服务＋数据"的立体支持模式。例如，为初创团队保留办公场地三年空置期，这种超越短期经济考量的资源配置，实质是以空间弹性换取创新试错周期，形成独特的风险包容机制。

作为全国首批青年发展型城市建设试点城市，杭州始终把建设青年发展型城市作为打造中国式现代化城市范例的重大场景，看见并关注每一个青年的需求：在青年聚集地建设嵌入式体育场地、社区食堂，将阅读、学习、娱乐、文化、健身等元素汇聚在一起。实现"家门口"运动自由、吃饭实在，青年生活更舒心。推动艺术街区、特色书店等休闲娱乐场所建设，以国潮引领文创不断出新，同时打造"博物馆之城""会展之都"等新标签，不断引入新的文化和生活方式，满足青年对美好生活的向往。优化青年婚恋育儿养老服务。引导正确的家庭观，打造"在杭州遇见你"等青年社交婚恋品牌，拓展青年婚恋交友渠道。健全青年生育支持政策，多渠道降低生育成本。落实母婴安全五大行动，深化普惠托育服务体系建设，推动优生优育优养全周期服务。推进养老服务体系建设，减轻青年赡养老人的压力。

高水平建设"美好教育"，完善免试就近入学制度和流动人口随迁子女积分入学政策。实施新名校集团化办学带动"教育共富"，提高高中阶段教育普及水平，提升高等教育育人实效，增强职业教育适应性，完善特殊教育和专门教育保障机制，促进民办教育规范发展，鼓励开设"青年夜校"，倡导青年终身学习。提升教育国际化水平，高质量建设国际学校，加强与境外学校交流合作。

鼓励青年有序参与社会治理，大力弘扬志愿精神，持续擦亮"小青荷"大型国际赛会志愿服务品牌，推进"青年V站"[1]建设，为"志愿善城"金名片增添青春底色。坚持"青年城市青年建"，发挥青年组织作用，丰富"青春议事厅"等载体，引导青年为城市发展积极建言献策。如将志愿服务时长纳入人才评价体系，使"小青荷"精神从赛事服务升华为城市文化基因，这种价值认同的塑造强化了政策的情感联结效应。

## 二、杭州青年群体与城市更新的双向互动

近年来，杭州房价的理性回调与政策创新，正悄然重塑着这座城市的青年文化生态。2024年，余杭、临平等区域部分楼盘单价回落至1.5万元区间。这种价格变化，不仅降低了青年定居门槛，更催化出独特的城市发展动能。从空间生产理论视角观察，青年群体正通过物理空间的重构实现社会关系的再生产，形成具有杭州特色的新型城市文化。在居住成本压力缓解的背景下，青年群体开始突破传统"暂居者"身份。老旧社区因其低廉的租金成为新杭州人首站落脚点，但这类空间原本以老年群体需求为主导的设施配置，与青年对社交、健身、文化空间的需求形成结构性矛盾。这种矛盾催生了青年自发的空间改造实践——在闲林等新兴居住板块，青年租客通过社群组织将闲置车库

---

1. 青年V站，即杭州亚（残）运会期间，团市委在亚运场馆周边及全市重要交通枢纽、景区景点等设立的城市志愿服务阵地"亚运青年V站"。杭州亚（残）运会结束后，转化为常态化志愿服务阵地"青年V站"，其中"V"是"志愿者"英文单词首字母。

改造为共享工作室，利用社区架空层打造 24 小时自习室，甚至推动物业将废弃喷泉广场改建为滑板公园。这种自下而上的空间再生产，其本质是青年群体对城市权利的主张。他们通过改组物理空间打破既有权力结构，形成"互塑型社区空间"。这种改造往往与数字经济特征深度结合，如未来科技城周边社区出现的"共享直播间"，创业者白天在园区办公，晚间回到社区继续开展直播业务，形成工作生活高度融合的新型空间形态。

政策层面的创新，为这种文化生长提供了制度保障。政府角色从管理者转向服务者，如在西湖区文二街农副产品综合市场改造过程中，政府通过 30 余场协商会平衡老年与青年居民的需求，最终打造出融合传统菜场与创意市集的复合空间，这种包容性治理为多元文化共生提供了可能。30 余场协商会构建的利益平衡机制，目的是建立代际需求传导通道。这种治理创新，将青年文化诉求纳入城市更新决策流程，使老旧空间改造成为代际文化融合的实验场。市场力量的深度参与，使艺创小镇整合美术学院、音乐学院资源培育数字文创产业，医药港小镇构建生物医药创新联合体。在此过程中，政策扮演资源链接者而非主导者角色。数据显示，从 2013 年提出创业陪跑生态体系至今，杭州市已经孵化 1500 家企业，这种市场化运作的创业支持体系，与政府基础保障形成互补，构建起从生存保障到价值实现的完整支持链。

### 三、探索低成本高活力的创新发展路径

低房价环境与政策红利叠加，催生人才流动新格局。2023 年，杭州新增 35 岁以下大学生 37 万人，其中 62% 选择非核心区域居住。这种居住分布，改变着城市文化地理——大江东等新兴板块出现"数字

游民社区"。青年利用房价洼地优势，将节省的居住成本投入创业创新。余杭区某 AI 公司研发团队的经历颇具典型性：3 年累计获得政府补贴 50 万元，团队成员选择在临平购置住房，通勤时间转化为线上工作时间，形成特有的"分布式办公文化"。这种空间选择自由度的提升，其实质是青年用投票参与城市治理的表现，他们通过居住地选择倒逼公共服务均等化，推动城市发展从单中心向多节点演进。

　　青年文化嬗变与创新实践共振，加速了城市经济新生态的形成。直播电商园区与青年公寓的毗邻布局，催生出"前店后仓"的微型创业集群。社区嵌入式体育场地与夜校的普及，使文化消费呈现碎片化、即时化特征。这种文化创新具有显著的反哺效应：闲林板块因青年改造实践带动的社区增值，使二手房成交量在 2024 年逆势增长 17%，验证了青年文化创造空间价值的可能性。在钱塘区，青年创客将老旧厂房改造为"制造实验室"，既保留工业遗产又植入智能硬件研发功能，这种新旧融合模式正在成为城市更新的范本。当前，杭州呈现的青年文化图景，其本质是房价理性回归、政策主动作为、青年主体意识觉醒三方共振的结果。不同于其他城市通过高薪岗位吸引精英人才的模式，杭州正在探索通过降低制度性成本激发群体创造力的新方法。在这种模式下，青年不仅是城市发展的受益者，更是空间生产的参与者、文化形态的缔造者。面向未来，随着共有产权房等政策的深化，青年群体有望获得更稳定的空间载体，其文化创新将从居住空间向公共空间延伸，推动杭州形成更具韧性的城市发展模式。

　　作为《二十国集团数字经济发展与合作倡议》的诞生地，杭州这座城市将"敢为天下先"的浙商精神与数字技术深度融合，走出了一条特色鲜明的转型升级之路。在国务院批复的《浙江高质量发展建设共同富裕示范区实施方案（2021—2025 年）》中，杭州被赋予"数字经济先行者"的战略定位,这既是对其培育出阿里巴巴、海康威视等顶级科技公司的肯定,更是对其构建"热带雨林式"创新生态的期许。杭州的创新突破,始终保持着与城市气质的深度契合:之江实验室、西湖大学等新型研发机构依山傍水而建,科研人员在六和塔的晨钟暮鼓中探寻科技前沿;区块链开发者大会选择在西溪湿地召开,用数字思维重构"曲水寻梅"的古典意境。这种将硬核科技与人文底蕴有机融合的发展模式,正是杭州区别于其他创新城市的特质和魅力之所在。

第七章

# "5+X"加速构建发展
## ——未来产业

今天,是未来的先声。未来,是今天的成长。

今天,是未来的萌芽。未来,是今天的果实。

未来,是投射在今天的一束光。今天,将沿着未来之光的指引向着未来挺进。

而这一切,都是在创新发展的进程中得以落地、转化和实现的。

## 第一节

## 创新赋能：
## 从科技创新到产业创新

创新，是我国高质量发展的动力之源。

只有通过科技创新深度赋能，才能将创新动能转为战略性新兴产业和未来产业的创新产能。

未来产业，是我国科技创新赋能新高地。

投资未来产业，就是投资未来；开拓未来产业，就是开拓未来。

创新是一个国家、一个民族发展进步的不竭动力。面对新一轮科技革命和产业变革带来的机遇和挑战，许多国家不约而同把创新驱动作为国家发展的核心战略。

2022年10月16日，习近平总书记在党的二十大报告中指出，完善科技创新体系。坚持创新在我国现代化建设全局中的核心地位。完善党中央对科技工作统一领导的体制，健全新型举国体制，强化国家战略科技力量，优化配置创新资源，提升国家创新体系整体效能。扩大国际科技交流合作，加强国际化科研环境建设，形成具有全球竞争力的开放创新生态。这就需要在更高层次、更大范围发挥科技创新的引领作用，坚持创新在我国现代化建设全局中的核心地位，把创新贯穿于现代化建设的各个方面，充分激活创新这个第一动力，不断开辟发展新领域新赛道，持续塑造发展新动能新优势。

习近平总书记还指出，加快实施创新驱动发展战略。加快实现高水平科技自立自强。以国家战略需求为导向，集聚力量进行原创性引领性科技攻关，坚决打赢关键核心技术攻坚战。加快实施一批具有战略性全局性前瞻性的国家重大科技项目，增强自主创新能力。营造有利于科技型中小微企业成长的良好环境，推动创新链产业链资金链人才链深度融合。[1]从完善科技创新体系到加快实施创新驱动发展战略，创新的分量很重，推动创新也很迫切。未来产业更是体现创新最为集中的领域，创新发展的成色更为显著，人们对它的创新发展的期待更为殷切。

## 一、未来产业：创新经济新形态

*未来，无处不在。*

*未来，触手可及。*

*未来已来。*

2006年7月17日，媒体刊发了未来学家阿尔文·托夫勒对未来学家的看法："地球上有60亿人口，也有60亿未来学家，每个人都是未来学家……一个人在一天之中无时无刻不在预测未来。"

对于未来进行预测，其实对每个人而言，是一种生活的常态，也是一种人生的常态。

未来产业也是如此，它同每个人的工作和生活息息相关。

2016年，美国创新专家、科技战略专家亚历克·罗斯（Alec Ross）

---

1. 参见习近平：《高举中国特色社会主义伟大旗帜　为全面建设社会主义现代化国家而团结奋斗——在中国共产党第二十次全国代表大会上的报告》，《人民日报》2022年10月26日。

在其出版的《未来产业》（*The Industries of the Future*）一书中，提出了"未来产业"概念，并指出机器人、尖端生命科技、金融程式编码化、网络安全以及大数据等将成为未来20年推动全球创新浪潮的关键产业。

从支柱性产业到战略性新兴产业再到未来产业，构成了一幅产业演进发展的路线图。当然，在产业体系发展演进过程中，支柱性产业、战略性新兴产业和未来产业，每一个产业组成部分都不仅仅是静态的概念，更是动态的实践。因此，科技创新和产业创新就需要保持永不止步的创新姿态和创新动能。只有如此，才能真正为战略性新兴产业和未来产业提供源源不断的创新动能。在这里，未来、现实、产业、创新相互交叉融合，诞生了未来产业这种创新经济形态。

从传统生产力到新质生产力，最大的区别在于科技创新。从传统产业到新兴产业，最大的区别也在于产业创新。因此，将科技创新和产业创新相结合，就成为大力发展战略性新兴产业和未来产业的主旋律。

对于未来产业发展，"我们脑子里要有一幅全景图"，要"下好先手棋，打好主动仗"。这既体现了战略思维和创新思维，又体现了全局意识和前瞻意识。我国明确规定："未来产业由前沿技术驱动，当前处于孕育萌发阶段或产业化初期，是具有显著战略性、引领性、颠覆性和不确定性的前瞻性新兴产业。大力发展未来产业，是引领科技进步、带动产业升级、培育新质生产力的战略选择。"[1] 从技术到创新，从战略到产业，演绎着未来产业不断推进的基本逻辑和清晰路线。

---

1. 《工业和信息化部等七部门关于推动未来产业创新发展的实施意见》，工业和信息化部网站2024年1月29日。

## 二、杭州现象：天上飞来"六小龙"

2025年，人们从杭州看到了未来之光，看到了未来之希望。

2025年，杭州成为第一个因科技创新而走红的城市。

2025年，DeepSeek异军突起，震动全球AI领域；宇树科技的人形机器人走上春晚，跳着秧歌，火遍全国。此前，游戏科学的《黑神话：悟空》开启国产3A游戏新纪元。这些企业，都来自杭州。

杭州，看似轻而易举地成为一个网红城市、风口城市、创新城市。

站在2025年的时间节点上，人们把来自杭州的一批在人工智能、机器人技术、脑机接口等领域崭露头角的科技新锐企业——11岁的游戏科学（Game Science，2014年成立）、2岁的深度求索（DeepSeek，2023年成立）、9岁的宇树科技（Unitree，2016年成立）、8岁的云深处科技（DEEPRobotics，2017年成立）、7岁的强脑科技（BrainCo，2018年成立）和14岁的群核科技（Manycore Tech，2011年成立），称为"杭州六小龙"。

"杭州六小龙"，都是生机勃勃、充满活力的新型企业，正是我国未来产业的中坚力量。2025年1月9日，《浙江日报》发表文章《打响"创新浙江"品牌当头炮，"杭州六小龙"引发"神秘东方力量"》。正是这种"神秘东方力量"，进一步激发了中国和全球的创新力量和创新步伐。"杭州六小龙"，都是由年轻科技人才近年创办的年轻企业，都处于新科技最前沿，都属于民营小微企业，都是在杭州获得创业成功，都实现了科技创新、产业创新与商业模式创新的有效融合。

对于"杭州六小龙"，杭州倍加呵护。得益于杭州市积极优化商标注册受理工作,这6家企业从初创之时就注重商标品牌的培育和保护。截至2025年2月,"杭州六小龙"在国内共申请商标总量为2227件,有效注册商标1114件,海外注册商标16件,覆盖24个国家和地区。此外,杭州通过严厉打击商标恶意注册申请行为、推进注册商标专用权保护,给"杭州六小龙"营造了良好的知识产权保护环境。截至2024年底,这6家企业拥有有效发明专利226件。

"杭州六小龙",既是杭州现象,也是中国现象;既是杭州创新,也是中国创新;既具中国意义,也具全球意义。而"小龙企业"逐渐成长为"巨龙企业",则更值得人们期待。

## 三、民营企业:未来产业生力军

民营企业,每每成为人们关注的焦点、热议的话题。

因为民营企业和民营经济,关系着中国经济社会的高质量发展,关系着中国式现代化的发展进程,关系着强国建设、民族复兴的伟大历史进程。

民营企业,是我国创新发展的探路者,是我国未来产业发展的生力军,是我国新质生产力发展的急先锋。

在科技创新方面,我国民营企业有着当仁不让的打头阵的勇气和自信。

"为什么是杭州?"

这一句杭州之问,看似简单,但是背后的答案却充满千言万语难以说尽的创新创造和努力奋斗。

这一句杭州之问,看似简单,却在激发起更大范围的创新活力、创新动力和创新合力。

万马奔腾，谁敢落后。

天下攘攘，唯我争先。

2018年11月1日，习近平总书记在民营企业座谈会上的讲话中指出："新一代民营企业家要继承和发扬老一辈人艰苦奋斗、敢闯敢干、聚焦实业、做精主业的精神，努力把企业做强做优。民营企业还要拓展国际视野，增强创新能力和核心竞争力，形成更多具有全球竞争力的世界一流企业。"[1] 而要成为具有全球竞争力的世界一流企业，走创新发展之路是唯一选择。

2025年2月17日，习近平总书记在民营企业座谈会上的讲话中强调："党和国家对民营经济发展的基本方针政策，已经纳入中国特色社会主义制度体系，将一以贯之坚持和落实，不能变，也不会变。新时代新征程民营经济发展前景广阔、大有可为，广大民营企业和民营企业家大显身手正当其时。要统一思想、坚定信心，促进民营经济健康发展、高质量发展。希望广大民营企业和民营企业家胸怀报国志、一心谋发展、守法善经营、先富促共富，为推进中国式现代化作出新的更大的贡献。"[2] 广大民营企业和民营企业家"要坚定不移走高质量发展之路，坚守主业、做强实业，加强自主创新，转变发展方式，不断提高企业质量、效益和核心竞争力，努力为推动科技创新、培育新质生产力、建设现代化产业体系、全面推进乡村振兴、促进区域协调发展、保障和改善民生等多作贡献"[3]。在推进中国式现代化进程中，民营企业

---

1. 习近平:《在民营企业座谈会上的讲话》,《人民日报》2018年11月2日。
2. 《民营经济发展前景广阔大有可为，民营企业和民营企业家大显身手正当其时》,《人民日报》2025年2月18日。
3. 《民营经济发展前景广阔大有可为，民营企业和民营企业家大显身手正当其时》,《人民日报》2025年2月18日。

必然要扮演更为重要的角色，发挥更大的作用，创造更大的成就。

在这次座谈会上，华为技术有限公司首席执行官任正非、比亚迪股份有限公司董事长王传福、新希望控股集团有限公司董事长刘永好、上海韦尔半导体股份有限公司董事长虞仁荣、杭州宇树科技有限公司首席执行官王兴兴、小米科技有限责任公司董事长雷军6位民营企业负责人代表先后发言，就新形势下促进民营经济发展提出意见和建议。作为"杭州六小龙"的代表，除了杭州宇树科技的王兴兴，还有杭州深度求索创始人梁文峰参加了座谈会。

在参会的企业中，来自杭州的企业数量占比和北京并列最高，杭州的创新企业尤其亮眼。人们不禁希望探究其后的原因。而正如王兴兴在座谈会上发言时所说："我们的企业和我们自己，都是在中国土生土长的。"优质的企业离不开优质的沃土，杭州为民营企业"铺路搭台"，提供创业创新的生态系统，是民营科技企业创新发展、高速成长的底气。

这是杭州的骄傲，也是中国的骄傲。

2025年以来，从发布新一轮"8+4"经济政策到迭代推出10件"为企办实事"项目，杭州持续释放政策红利、优化营商环境，为民营企业发展提供充足的"阳光雨露"。据《杭州日报》2025年2月27日报道，杭州市发展改革委营商环境和民营经济发展处相关负责人表示："民营经济是杭州发展的重要根基和特色优势。杭州民营经济增加值早于2021年就突破了1万亿元，目前，民营经济贡献了全市60%以上的GDP、85%以上的就业、95%以上的经营主体。我们将坚决把出台的政策落实到位、把应有的服务提供到位、把作出的承诺履行到位。"

近年来，杭州秉持"无事不扰、有求必应"的服务理念，以更大力度打造营商环境最优城市，努力促进各类创新要素、产业资源、优秀人才集聚。通过前置审批流程，杭州高标准推进数据共享，积极探索"规划核实即交证"实现途径。如今，"交地即交证""交房即交证""竣工即交证"已实现全市域办理。杭州创新开发"专精特新贷"银担专属产品，为发展新质生产力注入金融动能。2024年，杭州市"专精特新贷"业务规模达59亿元，惠及超741家专精特新企业，为企业有效降低融资成本超8500万元。2024年，杭州市创新推出《实施"春晖计划"，进一步降低企业成本若干措施》。截至2025年2月，10个方面32条具体措施全面落地，帮助企业减负超450亿元。

杭州市发展改革委相关负责人表示："杭州将探索AI赋能政策精准推送，让更多企业知晓政策、用上政策，同时针对企业普遍诉求，做好低成本创业空间、创业资金，高品质人才服务、政务服务等方面政策的谋划储备，适时推出，不断提升企业的获得感。"在畅通科技成果转移转化通道方面，杭州构建了技术转移转化中心、概念验证中心、小试中试基地成果转化体系，努力打通"科技－技术－产业"全通道，2024年杭州市技术交易额和新产品产值总和突破8800亿元。杭州市发展改革委营商环境和民营经济发展处相关负责人说："我们将深入学习贯彻习近平总书记在民营企业座谈会上的重要讲话精神，扎扎实实落实促进民营经济发展的政策举措，加快打造营商环境最优市、民营经济最强市。"

人工智能、民用航空、量子信息、人形机器人……放眼全国，民营企业在多个领域展现出充沛的创新活力。当前，新一轮科技革命和产业变革加速演进，新质生产力加快发展，新技术、新产业、新业态、新模式不断涌现。这将在众多领域催生规模巨大的新供给、新需求，为民营经济发展壮大带来新机遇。

杭州民营企业、民营经济的活跃和创新，进一步印证了我国关于民营经济发展战略的正确性。可以预见，我国民营经济在科技创新、未来产业的创新优势和创新动能，还将进一步得到持续释放。

等闲识得"杭州"面，万紫千红已是春。

## 四、全球发展：产业创新主战场

创新发展，创新驱动，不仅发生在杭州，不仅发生在中国，也发生在全球。

从全球范围来看，未来产业是以重大科技创新前沿为基础的产业形态和产业体系，虽然处于孕育阶段或成长初期，但是其对于未来世界创新发展影响巨大，具有全局带动和重大引领作用，决定着未来产业的竞争力，对未来全球经济具有主导性和先导性作用。全球未来产业也是各国抢占未来发展先机、开展世界科技和产业竞争的制高点和主战场。

2023年2月，全球著名的前沿科技咨询机构ICV TA&K发布了首个年度全球未来产业发展指数报告《2022年全球未来产业发展指数报告》，对未来产业进行了全面、系统的排名，包括国家综合排名、城市（集群）排名、不同产业领域里的企业排名。其中，无论是哪种类型的排名，中国均处于排名靠前的位置，与美国的差距日渐缩小。该报告总结了未来产业发展趋势展望，指出了未来产业的三大发展方向：一是智能、绿色、健康；二是各国政府将出台更有力的产业政策，持续推动本国未来产业加速发展；三是国际环境日趋复杂严峻，保护主义和单边主义抬头为未来产业全球化发展增加了更多不确定性。

创新浪潮和复杂环境，影响交错，起伏交织。

2024年2月，ICV TA&K发布的《2023年全球未来产业发展指数报告》对未来产业进行重新分类与定义，评选出量子信息、深空深海探测、人工智能、可控核聚变、人形机器人、脑机接口与脑科学、先进通信和生物技术八大未来产业。2023年，人工智能大模型和量子信息取得突破性进展，人形机器人加快商业化，可控核聚变掀起研发热潮。该报告从创新生态系统和技术能力、产业多样性和新兴产业、可持续发展与环境等五方面对国家和城市（集群）进行评估，美国和中国依然位居前两位。

创新路上，你追我赶，争先恐后。

未来产业，千帆竞渡，百舸争流。

第二节

## 中国路径：
## 从创新协同到创新生态

中国创新的样态，是科技创新、产业创新，是机制创新、制度创新，是协同创新、治理创新。

在推进中国未来产业发展进程中，中国科技创新和产业创新的深度融合，走过了一条战略引领、产研结合、创新赋能的发展之路。

### 一、中国创新：制造打底，智造增色

改革开放以来，中国的创新战略一直在深耕布局。从中国制造、数字经济到人工智能，这种创新驱动，使中国的创新战略能够持续不断地推进中国科技创新和产业创新取得新进展，从而形成新突破、新跨越、新成就。

我国对于未来产业的发展高度重视，以国家战略的方式加以明确，以举国体制的方式全方位推进，并取得了卓越的成效。新征程上，我国经济已经进入高质量发展的新阶段，世界百年未有之大变局不断出现复杂严峻特征，国际技术环境、分工格局和国内条件都将发生深刻的变化，未来产业对于构建现代化经济体系、促进经济社会高质量发展的动力引擎作用将更加突出，对于以中国式现代化全面推进强国建设、民族复兴伟业具有重要意义和价值。

2015年5月，国务院发布《中国制造2025》。这是我国实施制造强国战略第一个十年的行动纲领。该方案明确了未来战略目标：力争通过"三步走"实现制造强国的战略目标。第一步：力争用10年时间，迈入制造强国行列。到2020年，基本实现工业化，制造业大国地位进一步巩固，制造业信息化水平大幅提升。掌握一批重点领域关键核心技术，优势领域竞争力进一步增强，产品质量有较大提高。制造业数字化、网络化、智能化取得明显进展。重点行业单位工业增加值能耗、物耗及污染物排放明显下降。到2025年，制造业整体素质大幅提升，创新能力显著增强，全员劳动生产率明显提高，两化（工业化和信息化）融合迈上新台阶。重点行业单位工业增加值能耗、物耗及污染物排放达到世界先进水平。形成一批具有较强国际竞争力的跨国公司和产业集群，在全球产业分工和价值链中的地位明显提升。第二步：到2035年，我国制造业整体达到世界制造强国阵营中等水平。创新能力大幅提升，重点领域发展取得重大突破，整体竞争力明显增强，优势行业形成全球创新引领能力，全面实现工业化。第三步：新中国成立100年时，制造业大国地位更加巩固，综合实力进入世界制造强国前列。制造业主要领域具有创新引领能力和明显竞争优势，建成全球领先的技术体系和产业体系。

从历史发展实践来看，我国从制造强国走向智造强国之路，虽然经历了各种波折，但是依旧取得了举世瞩目的伟大成就。不管是制造强国还是智造强国，实际上都离不开科技创新和产业创新。如果没有科技创新和产业创新，不管是制造强国还是智造强国的战略目标，都将是空中楼阁、海市蜃楼。

《中国制造2025》的发布和实施，为中国的创新发展提供了战略协同力、创新引导力和发展协同力。

## 二、数字经济：下了一招先手棋

2021年10月18日，习近平总书记在主持十九届中共中央政治局第三十四次集体学习时的讲话中指出："近年来，互联网、大数据、云计算、人工智能、区块链等技术加速创新，日益融入经济社会发展各领域全过程，各国竞相制定数字经济发展战略、出台鼓励政策，数字经济发展速度之快、辐射范围之广、影响程度之深前所未有，正在成为重组全球要素资源、重塑全球经济结构、改变全球竞争格局的关键力量。"[1]

从数字经济到智能经济再到数智经济，科技创新的浪潮一浪高过一浪。

习近平总书记回顾了他对数字技术和数字经济的认知和谋划："长期以来，我一直重视发展数字技术、数字经济。2000年我在福建工作期间就提出建设'数字福建'，2003年在浙江工作期间又提出建设'数字浙江'。党的十八大以来，我多次强调要发展数字经济。2016年在十八届中央政治局第三十六次集体学习时强调要做大做强数字经济、拓展经济发展新空间；同年在二十国集团领导人杭州峰会上首次提出发展数字经济的倡议，得到各国领导人和企业家的普遍认同；2017年在十九届中央政治局第二次集体学习时强调要加快建设数字中国，构建以数据为关键要素的数字经济，推动实体经济和数字经济融合发展；2018年在中央经济工作会议上强调要加快5G、人工智能、工业互联网

---

1. 习近平：《不断做强做优做大我国数字经济》，《求是》2022年第2期。

等新型基础设施建设；2021年在致世界互联网大会乌镇峰会的贺信中指出，要激发数字经济活力，增强数字政府效能，优化数字社会环境，构建数字合作格局，筑牢数字安全屏障，让数字文明造福各国人民。"[1]

习近平总书记还指出："党的十八大以来，党中央高度重视发展数字经济，将其上升为国家战略。党的十八届五中全会提出，实施网络强国战略和国家大数据战略，拓展网络经济空间，促进互联网和经济社会融合发展，支持基于互联网的各类创新。党的十九大提出，推动互联网、大数据、人工智能和实体经济深度融合，建设数字中国、智慧社会。党的十九届五中全会提出，发展数字经济，推进数字产业化和产业数字化，推动数字经济和实体经济深度融合，打造具有国际竞争力的数字产业集群。我们出台了《网络强国战略实施纲要》、《数字经济发展战略纲要》，从国家层面部署推动数字经济发展。这些年来，我国数字经济发展较快、成就显著。根据2021全球数字经济大会的数据，我国数字经济规模已经连续多年位居世界第二。"[2]

新思想指导新实践，新思想引领新征程。没有关于数字技术和数字经济居于国家战略高度的长远规划和总体布局，我国就不可能取得战略性新兴产业和未来产业发展的瞩目成就。

党的十八大以来，我国数字经济蓬勃发展。数字经济规模由2012年的11.2万亿元增长至2023年的53.9万亿元，11年间规模扩张了3.8倍。2025年3月18日，工业和信息化部发布的《2024年数字产业运行情况》显示，我国数字产业完成业务收入35万亿元，同比增长5.5%。数字产业实现利润总额2.7万亿元，同比增长3.5%。数字产业直接从

---

1. 习近平：《不断做强做优做大我国数字经济》，《求是》2022年第2期。
2. 习近平：《不断做强做优做大我国数字经济》，《求是》2022年第2期。

第八届数字中国建设峰会上展出的智能网联汽车
中新图片 / 吕明

业人员达 2060 万人，与 2023 年基本持平。数据显示，2024 年我国数字产业总体运行平稳，业务收入稳步提升，利润总额保持增长，产业结构持续优化，创新能力进一步增强，企业出海步伐加快，产业新动能新优势持续积聚，为稳定经济增长、培育发展新质生产力、赋能千行百业数字化智能化发展作出重要贡献。

  这表明，我国数字技术、数字基础设施、数据资源持续发展，数字经济赋能千行百业，为发展新质生产力提供了重要支撑和关键引擎。从数字技术到数字经济，从区域战略到国家战略，从数字中国到智慧社会，我国信息数字网络智能领域的发展日新月异，突飞猛进，赋能下沉，智能普惠。

## 三、新质生产力：一石激起千层浪

新质生产力，是推进中国创新发展的关键概念。

新质生产力概念的提出，可谓抓住了中国创新发展的实质和关键，抓住了中国创新发展的牛鼻子，抓住了牵引中国创新发展的火车头。

新质生产力概念的诞生，也是在中国创新发展的实践基础上渐次形成的，是基于中国和全球创新发展的实践探索和理论认知所提出的新概念。

2023年，新质生产力概念广为传播，基于创新的产业力量得到全社会的关注和支持。

2023年7月以来，习近平总书记在四川、黑龙江、浙江、广西等地考察调研时提出"新质生产力"这一概念。他指出："积极培育新能源、新材料、先进制造、电子信息等战略性新兴产业，积极培育未来产业，加快形成新质生产力，增强发展新动能。"[1]

在中央经济工作会议上和主持二十届中央政治局第十一、十二次集体学习时以及参加全国两会等多个重要场合，习近平总书记又对新质生产力作了深入细致的重要论述。这是对马克思主义生产力理论的创新和发展，进一步丰富了习近平经济思想的内涵，为新时代新征程全面把握新一轮科技革命和产业变革突破方向，推动生产力高质量发展，全面推进中国式现代化提供了根本遵循和行动指南。

2024年7月，中国共产党第二十届中央委员会第三次全体会议提

---

[1]. 《牢牢把握东北的重要使命，奋力谱写东北全面振兴新篇章》，《人民日报》2023年9月10日。

出:"要健全因地制宜发展新质生产力体制机制,健全促进实体经济和数字经济深度融合制度,完善发展服务业体制机制,健全现代化基础设施建设体制机制,健全提升产业链供应链韧性和安全水平制度。"[1]

伴随着我国经济社会高质量发展进程的逐渐推进,从明确目标到明确路径,从明确重点到明确前提,从关注方式方法到关注体制机制,我国关于新质生产力发展的认识和实践不断得到丰富和深化。

由此可见,推进创新发展,形成创新动能,大力推进战略性新兴产业发展和未来产业发展,已经成为基础广泛的中国共识,已经成为中国强国建设的必由之路。我国正在着眼长远,围绕产业链部署创新链、围绕创新链布局产业链,加大科技成果转化应用力度,努力在推动科技创新和产业创新深度融合上闯出新路。

习近平总书记指出:"扎实推动科技创新和产业创新深度融合,助力发展新质生产力。"[2] 新质生产力的来源与动能是科技创新。新质生产力,"新"就"新"在能够积极培育战略性新兴产业,通过开辟新领域、发挥新优势、创造新模式,实现产业的结构转型升级,从而更有力地助推中国经济高质量发展。

从历史维度和现实维度来看,抓住新质生产力,就抓住了创新发展的关键点。只有破解了发展新质生产力的难题,推进战略性新兴产业和未来产业的各种难题才能迎刃而解、势如破竹。

---

1. 《中共二十届三中全会在京举行》,《人民日报》2024年7月19日。
2. 习近平:《朝着建成科技强国的宏伟目标奋勇前进》,《求是》2025年第7期。

## 四、中国期待：前瞻谋划抢先机

就支柱性产业、战略性新兴产业和未来产业三者关系而言，未来产业离现在的距离更远一些。因此，发展未来产业就更有创新的空间，回旋的余地。

2021年3月12日公布的《中华人民共和国国民经济和社会发展第十四个五年规划和2035年远景目标纲要》明确指出，要"着眼于抢占未来产业发展先机，培育先导性和支柱性产业，推动战略性新兴产业融合化、集群化、生态化发展，战略性新兴产业增加值占GDP比重超过17%"。在"前瞻谋划未来产业"方面，明确要"在类脑智能、量子信息、基因技术、未来网络、深海空天开发、氢能与储能等前沿科技和产业变革领域，组织实施未来产业孵化与加速计划，谋划布局一批未来产业。在科教资源优势突出、产业基础雄厚的地区，布局一批国家未来产业技术研究院，加强前沿技术多路径探索、交叉融合和颠覆性技术供给。实施产业跨界融合示范工程，打造未来技术应用场景，加速形成若干未来产业"。这为我国自2021年至2035年期间的未来产业发展指明了方向，明确了路径，指明了道路。

2024年1月，工业和信息化部等7部门联合印发了《关于推动未来产业创新发展的实施意见》。该实施意见明确了我国未来产业发展的主要目标："到2025年，未来产业技术创新、产业培育、安全治理等全面发展，部分领域达到国际先进水平，产业规模稳步提升。建设一批未来产业孵化器和先导区，突破百项前沿关键核心技术，形成百项标志性产品，打造百家领军企业，开拓百项典型应用场景，制定百项关键标准，培育百家专业服务机构，初步形成符合我国实际的未来产业发展模式。到 2027 年，未来产业综合实力显著提升，部分领域实现全球引领。关键核心技术取得重大突破，一批新技术、新产品、新业态、新模式得到普遍应用，重点产业实现规模化发展，培育一批生态主导型领军企业，构建未来产业和优势产业、新兴产业、传统产业协同联动的发展格局，形成可持续发展的长效机制，成为世界未来产业重要策源地。"其中，明确了要全面布局未来产业，重点推进未来制造、未来信息、未来材料、未来能源、未来空间和未来健康 6 大方向产业发展。这有助于我国在全球新一轮技术革命和产业变革中占据有利地位，把握发展主动权。一是加快技术创新和产业化，包括提升创新能力、促进成果转化两个方面。二是打造标志性产品，包括突破下一代智能终端、做优信息服务产品、做强未来高端装备三个方面。三是壮大产业主体，包括培育高水平企业梯队、打造特色产业链、构建产业生态三个方面。四是丰富应用场景，包括开拓新型工业化场景、打造跨界融合场景、建设标志性场景三个方面。五是优化产业支撑体系，包括加强标准引领与专利护航、同步构筑中试能力、建设专业人才队伍、强化新型基础设施四个方面。

2024 年 7 月，党的二十届三中全会通过的《中共中央关于进一步全面深化改革、推进中国式现代化的决定》提出："健全因地制宜发展新质生产力体制机制。推动技术革命性突破、生产要素创新性配置、产业深度转型升级，推动劳动者、劳动资料、劳动对象优化组合和更新跃升，催生新产业、新模式、新动能，发展以高技术、高效能、高质量为特征的生产力。加强关键共性技术、前沿引领技术、现代工程技术、颠覆性技术创新，加强新领域新赛道制度供给，建立未来产业投入增长机制，完善推动新一代信息技术、人工智能、航空航天、新能源、新材料、高端装备、生物医药、量子科技等战略性产业发展政策和治理体系,引导新兴产业健康有序发展。"从新产业、新模式、新动能到高技术、高效能、高质量,从关键共性技术、前沿引领技术、现代工程技术、颠覆性技术创新到新一代信息技术、人工智能、航空航天、新能源、新材料、高端装备、生物医药、量子科技重点领域,从产业发展政策到发展治理体系,我国对于战略性新兴产业和未来产业创新发展的战略建构越来越深,越来越实。

未来产业和战略性新兴产业的特点是长周期、高风险、轻资产,以银行为主平台、债券投资为主方式的间接融资的格局难以适应这一类项目和企业的需求,必须向以资本市场为主平台、股权投资为主方式的直接融资转变。创业投资可以说是为科技创新、产业创新量身定制的投资方式,创投行业的发展也必须与未来产业的发展相匹配。

一系列鼓励和支持发展创投行业的政策举措出台,为创业和投资的高质量发展指明方向。2024年6月,国务院办公厅发布《促进创业投资高质量发展的若干政策措施》,强调要"发挥政府出资的创业投资基金作用",充分发挥国家新兴产业创业投资引导基金、国家中小企业发展基金、国家科技成果转化引导基金等作用,进一步做优做强,提高市场化运作效率,通过"母基金+参股+直投"方式支持战略性新兴产业和未来产业。再到2025年国务院办公厅印发《关于促进政府投资基金高质量发展的指导意见》,强调"创业投资类基金要围绕发展新质生产力,支持科技创新,着力投早、投小、投长期、投硬科技","发挥基金作为长期资本、耐心资本的跨周期和逆周期调节作用"。这表明:一方面,国家级政策覆盖募、投、管、退全链条,系统性支持创投行业发展;另一方面,政府投资基金要回归基金本身的属性,不以招商引资为目的,而是真正"投早投小投硬科技",鼓励长期资本入局。这是个重要的风向标,会给行业带来深远的影响。

在中央政策引领下，地方层面已从纸面走向了实践。上海、广州、杭州等地率先破局，开始加速优化政府投资基金运作机制。其中，上海引导基金取消招商引资导向，转向市场化评估项目技术水平和团队能力；广州明确引导基金目标为"加速高端自主创新资源集聚"，弱化返投比例要求。

赛迪发布的《2025年我国未来产业发展形势展望》显示，2024年，未来产业政策体系不断完善，量子科技、生物制造、清洁氢、商业航天等展现出巨大市场潜力，各地加快未来产业全链条培育，探索形成一系列新模式新做法。2025年，我国将持续加强政策协同和资源统筹，部分新领域新赛道产业化进程将进一步提速，各地未来产业"技术－场景－产品－企业－集群"一体化推进模式将持续优化，资本支持有力、人才交流通畅的生态环境逐步完善。

随着"杭州六小龙"效应的发酵，各地在支持未来产业发展方面也作出积极反应，布局赶超。

2025年2月6日，武汉发布《关于推动科技创新和产业创新融合发展，打造具有全国影响力的科技创新高地实施方案（2025—2027年）》，明确了6个方面22项重点任务。该方案明确提出，到2027年，武汉具有全国影响力的科技创新中心基本建成，重点产业领域全球创新策源影响力持续提升，世界级创新型产业集群加速形成等工作目标。该方案还提到，到2027年，培育颠覆性技术项目200项以上，20项以上进入国家颠覆性技术项目库，在武汉落地孵化创新型企业50家以上，建设1个颠覆性技术创新园、3个颠覆性技术和未来产业孵化基地，将武汉打造成为全国颠覆性技术创新网络中部核心。

2025年2月17日，厦门市委、市政府正式印发《关于深化拓展科技创新引领工程、推动科技创新和产业创新深度融合的若干措施》，出台 12 条举措，旨在提升厦门市科技创新能力和产业创新能力，推动科技创新和产业创新的深度融合。这是继 2023 年《厦门市科技创新引领工程实施方案》《关于深入实施科技创新引领工程、争创国家区域科技创新中心的若干措施》相继出台后，厦门再次出台新政，持续深化拓展科技创新引领工程。在夯实企业科技创新主体地位方面，厦门市将继续加大对科技型中小企业创新项目的支持，激励企业加大研发投入，持续增强创新能力；引导当地龙头企业牵头组建创新联合体，承担国家科技项目，优化国有企业考核指标，促进产业链创新能力提升。新发布措施将科技成果转移转化、科研事业单位管理、科技型企业培育、多元化科技投入作为主攻方向，包括提升科技与产业协同创新平台功能、深化科技管理服务创新、夯实企业科技创新主体地位、完善科技成果转移转化支撑体系四个方面。

2025 年 2 月 17 日，"未来产业国际化发展大湾区对接活动"在深圳举办，该活动旨在促进粤港澳大湾区和海内外在未来产业领域的优秀企业和创新项目进行精准对接，加速科技成果的转化应用，构筑人才创新高地。该活动发布的《大湾区未来产业发展合作倡议》提出六大合作方向，包括助力科技创新与产业创新深度融合、推进示范应用场景建设、构建开放创新人才服务生态、高质量强化投融资服务、开展未来产业企业梯度培育、搭建未来产业公共服务平台等。

2025 年 2 月，深圳围绕优化科技创新生态和人才发展环境发布了一系列政策。深圳将设立规模为 100 亿元的产业基金，支持人工智能和机器人产业发展，聚焦人工智能的软件、硬件、具身智能等方向。另外，深圳 2025 年还将多渠道筹集 45 亿元资金，用于支持训力券、模型券、语料券、场景补贴、科技研发等，为企业使用算力提供最高 60%、最高 1000 万元的资助。

对于我国而言，新质生产力主要体现在两大领域：一是战略性新兴产业；二是未来产业。从国家维度和战略维度来看，我国已经对战略性新兴产业和未来产业的发展进行谋篇布局，对从2015年至2049年的产业发展，进行了清晰的发展路径规划，并提出了一系列的发展目标。在此背景之下，各省、各市对于国家战略的落地执行，则需要沿着科技创新和产业创新的维度继续细化、深化、强化，并予以切实推进。

未来产业，遍地开花，惊涛拍岸，卷起千堆雪。

创新发展，浪奔浪流，澎湃激荡，光焰万丈长。

## 第三节

## 杭州实践：
## 从"拼政策优惠"到"拼创新生态"

从全国到浙江，从浙江到杭州，创新发展的理念、探索和实践，在不同层面同步推进着。

### 一、浙江创新：数字浙江发先声

"数字浙江"战略，为浙江创新奠定了创新之因，为浙江创新提供了创新之壤，也不断收获着创新之果。早在 2003 年，时任浙江省委书记习近平同志第一次提出了"数字浙江"战略，并作出了一系列部署。数字经济的高质量发展，为浙江未来产业发展创造了良好的发展环境。对于未来产业，浙江积极布局，快速行动。

2023 年 2 月，浙江省人民政府办公厅发布了《关于培育发展未来产业的指导意见》。该指导意见明确未来发展目标："围绕三大科创高地建设，优先发展未来网络等 9 个创新基础良好、成长较快的未来产业；培育发展量子信息等 6 个力量尚在集聚、远期潜力巨大的未来产业。到 2025 年，涌现一批有影响力的未来技术、创新应用、头部企业和领军人才，形成有竞争力的未来产业体系。"

浙江未来产业的创新发展，在全国未来产业发展中处于突出位置。以创新浙江引领新质生产力发展，打造现代化产业体系，是 2025 年浙江省政府重点工作之一。在壮大新兴产业方面，浙江采取"一业一策"支持生物医药、高端装备、新能源汽车、新材料等产业发展，提升智能物联、集成电路、高端软件、智能光伏等产业集群建设水平，力争战略性新兴产业增加值增长7.5%。聚焦未来产业，深化"人工智能+"行动，加快布局人形机器人、量子信息、类脑智能、合成生物、空天信息和低空经济等新产业新业态，建立未来产业投入增长机制，培育一批未来产业先导区。

浙江未来产业发展的谋划和布局，为杭州未来产业发展提供了良好的创新生态环境。

## 二、杭州经验：概念验证，十年包容

在推进未来产业发展进程中，杭州经验所包含的是推进创新发展的创新智慧和创新哲学。

杭州经验是一种标志，标志着中国推进创新发展的方式，不知不觉之间，从"拼政策优惠"跨越到了"拼创新生态"的新阶段。

杭州经验是一种贯穿创新进程全流程、全方位的创新治理体系，从规划到政策，从基础到资金，从验证到转化，从创新到创业，为创新创业者提供了有利于创新的完整的生态系统。

"包容'十年不鸣'，静待'一鸣惊人'"，成为杭州推进未来产业的座右铭。这种包容，这种支持，显示出杭州在推进未来产业过程中的长期主义、战略定力和产业耐心。

在推进未来产业发展进程中，既要坚持长期主义，又要坚持心明眼亮。

实验室里的科研成果，从"概念"进化为"产品"，甚至成长为一家准独角兽企业，需要筛选、验证，再孵化、投资。先验证概念，再转化成果，这成为杭州推进科技创新和产业创新的第一关。概念验证中心正如其名，是打通成果转化的"最初一公里"。

杭州是全国最早部署概念验证计划的城市之一。2022年2月，杭州市提出构筑科技成果转移转化首选地。2022年11月，杭州发布《杭州市概念验证中心建设工作指引（试行）》，提出杭州将打造全国科技成果概念验证之都，构建科技成果评估、转化、投融资、商业化开发等国内领先的概念验证服务体系，并采取"先创建、后认定"的培育模式，围绕杭州主导产业布局30家概念验证中心。

据《人民日报》2024年8月13日报道，杭州市科学技术局高新技术发展与产业化处负责人介绍，概念验证中心建设是构筑科技成果转移转化首选地的重要环节。"在调研学习国内外一些经验做法后，我们制定出台了《杭州市概念验证中心建设工作指引（试行）》，一边探索，一边推进全市概念验证中心建设。""我们按照'定向组织＋公开征集'的方式选育，先后收到近百家机构想要申报创建概念验证中心的需求。"在杭州，概念验证中心采用"先创建、后认定"的方式进行培育和建设；在服务模式和收益方面，各验证中心结合自身基础进行探索。该负责人还介绍说："我们对培育型概念验证中心予以50万元补贴，成熟认定后，会根据服务绩效给予最高500万元资助。""我们将通过综合评价，选出几家在培育期已发展成熟的创建单位，进行正式挂牌。反之，做得不好的则会面临淘汰。"

杭州市化工研究院院长、杭州市杭化生物基新材料概念验证中心负责人诠释了他对"概念验证"的理解："概念验证的目的在于揭示科研成果是否具备转化潜力，我们的科学判断很重要，必须对前来验证的企业负责。""目前我们概念验证服务专业化人才队伍中的专职服务人员不少于5人。此外，还建立了由院士领衔，包括学术界、产业界、投资界等专家组成的概念验证服务顾问专家团队，总人数超过20人。概念验证体系紧密链接先进技术、孵化体系、产业应用，有助于新技术、新模式、新业态发展，将有力支撑杭州全产业链发展。"

杭州市的基本做法是，整合创新资源、加大要素匹配支持，加快构建集项目、人才、资本、场景、平台、企业于一体的生态体系，吸引更多创新技术（项目）来杭验证，就地交易、就地转化、就地应用，助力科技成果转化落地。

据《杭州日报》2025年1月15日消息，杭州市科技局正式认定首批概念验证中心，西湖大学创新药物概念验证中心等6家列入认定名单。在各具特色的模式下，一些共性的"杭州经验"也已悄然形成。在首批杭州市概念验证中心中，有掌握着丰富科研资源的院校链条型概念验证中心，也有拥有成熟市场经验的大企业垂直型概念验证中心。

概念验证中心，既在技术研发、中试验证、应用推广、指标检测等方面提供相应支持，又成立指导小组，从技术、工程化、资金等方面同步进行指导。这标志着杭州探索建设概念验证中心的做法正在成熟——从转化的最初环节介入，进而构建出一个涵盖成果评估、遴选、转化、投融资服务及商业化开发等功能的全链条服务体系。

## 三、杭州创新：构建"5+X"未来产业培育体系

体系化部署，整体化推进，精准化施策，这是杭州经验的特征之一。

从实践中来，到实践中去，务实不务虚，这是杭州经验的特点之一。

2025年2月，杭州市人民政府发布了《杭州市未来产业培育行动计划（2025—2026年）》。该行动计划明确了杭州未来产业发展的主要目标：围绕五大风口潜力产业以及X个前沿领域，积极抢占产业新领域新赛道，创建若干个国家级、省级、市级未来产业先导区，构建"5+X"未来产业培育体系。其具体目标为：建成核心技术源头供给的创新高地。到2026年底，培育建成未来产业创新联合体10个左右，打造企业技术中心100家左右，攻关关键技术、核心部件和高端产品100个左右。做强未来产业集群的关键引擎。到2026年底，争创若干个国家级、省级未来产业先导区，建成市级未来产业先导区10个以上。发展生态主导型企业10家左右，培育高新技术企业500家左右。形成多领域深度融合应用的赋能格局。到2026年底，打造未来社会示范样本10个，打造典型应用场景100项。打造要素集聚、开放活跃的产业生态。到2026年底，未来产业培育基金体系基本完善，落成一批未来产业合作交流平台。

"5+X"未来产业培育体系的建构和推进，显示了杭州在推进未来产业发展进程中的系统性思维和辩证性思维。

2025年杭州经济政策市级财政资金将从2024年的490亿元增加到502亿元。值得注意的是，其中15.72%的产业资金，用于集中投向新质生产力，加大对通用人工智能、人形机器人等未来产业的支持，希望培育更多类似于DeepSeek、宇树科技这样的创新企业。为培育壮大新质生产力，推动经济高质量发展，除上述资金"加持"外，新一轮经济政策还有政策"加量"、力度"加码"、兑付"加快"3个突出特点——新增12条政策条款，总共8个政策包57条政策条款；对智能物联、高端装备制造、生产性服务业等21项存量政策进行"加码"，新增支持战略性新兴产业发展、航空物流高质量发展、促进数据要素流通等 18 项政策；按照"应上尽上、应兑尽兑、免申即享、即申即享"的原则，加速政策资金直达快享。围绕"科技创新"这一关键词，新一轮经济政策特别提及"加快先进制造业发展"和"推动教育科技人才一体发展"。

2025 年，杭州明确大力发展通用人工智能、低空经济、人形机器人、类脑智能、合成生物五大风口潜力产业，以及未来网络、先进能源、前沿新材料、商业航天、无人驾驶等前沿领域产业，加快构建杭州特色现代化产业体系；锚定打造更高水平创新活力之城，统筹推进教育科技人才一体化改革和教育强市、科技强市、人才强市建设，推动企业创新能力提升、科技成果转移转化、高能级科创平台提质增效、教育科技人才实质性贯通。

对于低空经济产业，杭州明确要完善低空基础设施，加快固定翼/多旋翼无人机、无人直升机、电动垂直起降飞行器等整机研发，研发主控芯片、三电系统、机载传感器等关键零部件和飞行控制、低空反制、通信导航、管服平台等核心系统。2024 年 7 月 29 日，杭州市人民政府办公厅发布《关于印发杭州市低空经济高质量发展实施方案（2024—2027 年）的通知》。该方案明确：以习近平新时代中国特色社会主义思想为指导，着眼发展新质生产力，抢抓低空经济发展战略机遇，坚持以产业发展为龙头、以科技创新为驱动、以场景应用为牵引、以安全发展为保障，统筹推进低空交通、低空产业发展，将杭州打造成为全国低空经济领军城市。一是低空产业能级大幅跃升。加快产业补链强链，到 2027 年，催生头部或关键环节企业 10 家以上，引育产业链相关企业 600 家以上，产业规模突破 600 亿元。二是低空交通网络基本成型。推进"基础网""航线网""飞服网"（以下简称"三张网"）建设，到 2027 年，建成低空航空器起降场（点）275 个以上，开通低空航线 500 条以上，建成统一管理服务平台，基本实现"三张网"全覆盖。三是低空管理体系有效运行。建立健全空域规划、航线划设、飞行准入、运行管理、空地安全等标准和规范，形成全链管理体系，到 2027 年，实现无人机安全运行超百万架次 / 年。四是低空应用场景丰富多元。重点打造"低空＋物流""低空＋治理""低空＋文体旅"三大应用品牌，加快探索"低空＋客运"新业态，到 2027 年，低空物流总量进入全国前 5 位，低空飞行量超过 180 万架次 / 年。五是低空试点示范成效显著。全力争创国家低空经济相关试点，推动区、县（市）开展省级试点创建，到 2027 年，杭州市创建省级试点区、县（市）3—5 个，形成一批试点经验。

作为全国首批民用无人驾驶航空实验基地（试验区），杭州持续完

2025 年五一假期，浙江杭州湘湖直升机飞行基地的低空游览项目备受游客青睐，网上预售订单超过 6000 人次，呈现爆发式增长。图为该基地一架即将起飞的直升机　中新图片 / 王刚

善产业链、应用链、人才链，抢占产业发展先机。2024年，低空经济项目和企业，在杭州已经集聚了近400家，基本实现了产业链上下游全覆盖，催生了"低空+物流""低空+治理""低空+文体旅"等应用场景。为了让这些创新场景能够迅速开展试验和运营，杭州在重点低空应用区域建起了20多个5G-A基站，并上线了杭州低空交通管理服务平台，科学规划每架飞机的低空飞行路径。众多的低空经济项目，需要大量的技术人才做支撑。杭州推动高职院校和企业开展合作，联合培养低空经济人才。在杭州现代技工学校，低空经济企业的技术人员前来担任教导员，指导学生操控无人机、学习设备维护等技术。加速抢占新赛道，杭州率先发布了低空经济产业高质量发展规划，通过余杭"中国飞谷"、钱塘"低空智谷"等5大平台，重点打造低空智能物联、低空高端制造等产业，力争到2027年，低空产业规模超600亿元，低空经济产业综合实力稳居全国第一梯队。

对于人形机器人产业，杭州明确要加快仿生感知认知、生机电融合、视觉导航、机器脑智能控制等的技术研究与系统集成，重点研发消费级、工业级和服务级高性能人形机器人等产品。

当前，人形机器人正处于快速曝光和增长的初期，成为全球科技产业中最具潜力的部分之一。聚焦未来，杭州将全力发展人形机器人产业，力争在通用人工智能等尖端领域中抢占先机。算上杭州超过700家涵盖整机和零部件的企业，尤其是宇树科技、五八智能和云深处科技这样的高科技先锋，杭州的人形机器人产业已初具规模。从2024年开始，杭州积极推进"一中心一联盟五平台"的创新平台建设，包括人形机器人创新中心、产业联盟及关键技术服务平台，形成集科研、制造和应用于一体的全链条生态体系。借助高新技术的支持，杭州的龙头企业如阿里云和新剑机电等，在机器人领域的核心技术上不断取得突破，更是为人形机器人的市场应用奠定了坚实的基础。在应用场景方面，杭州市将围绕智能制造、交通检查和医疗等领域进行深入探索，将人形机器人引入各种实际业务中，这不仅仅是一次技术上的尝试，更是推动社会生产力转型的重要机会。2025年，杭州要启动"人工智能+""数据要素×"和新技术、新产品、新场景大规模应用示范三大行动，推动高能级科创平台矩阵进一步扩围提能、科技成果转移转化体系进一步迭代升级、现代化产业体系进一步攀"高"向"新"、创新创业体系进一步优化完善。根据规划，到2029年，杭州将建立起世界级的人形机器人产业集群，推动产值实现飞跃增长。在未来，杭州的布局将集中在打造"最优本体+最强大脑"的创新体系上，以支持人形机器人的设计、研发与制造。总的来说，杭州在规划人形机器人产业的同时，也为它的科技产业未来注入了更多可能性。通过持续的创新投入与技术突破，未来的杭州将不再只是科技发源地，更将是应用创新的旗帜。"杭州造"的人形机器人将走进更多家庭和企业，赋能生活、重塑未来。

对于类脑智能产业，杭州明确要加快脑感知认知、神经网络结构与功能等关键技术的突破，推进类脑芯片、类脑计算机、脑机接口等技术的产业化落地。类脑智能又被称为神经形态计算，它通过模仿人类大脑的运作方式，让计算机软硬件实现信息高效处理。相比传统意义上的人工智能，它具有低功耗、高算力的特点。类脑智能的实现路径大致可以分为软类脑和硬类脑两类。二者的主要区别在于侧重点不同，前者重算法，后者重硬件。虽然路径不同，但是总体来看二者相辅相成。软类脑主要侧重算法和模型能够模拟大脑的工作模式。虽然没有神经细胞、蛋白质等物质，但是计算机可以模仿大脑的信息加工机制，把现实中的物质形式化，从而在软件中模拟大脑。硬类脑主要侧重在硬件材料方面寻求突破，通过开发神经形态的芯片（如类脑芯片）和其他介质，以生物电子学、神经形态工程等学科为基础，模拟生物神经元乃至整个大脑。有专家表示，硬类脑走的道路就是"先追求形似，再考虑神似"。在一枚理想的类脑芯片当中，包含许多相当于神经元的处理器，这些处理器之间的通信系统相当于神经纤维，突触等结构可能也会被模拟。尽管类脑智能技术已经取得了很大进步，但人类目前对人脑的了解依然是不够的。有专家提醒，人类目前对于人脑和神经系统如何产生感觉、知觉、情绪、思维、意识，如何创造语言、行为，仍然一知半解。类脑智能研究要想取得更高水平的研究成果，就需要更多脑科学和认知科学领域的基础理论研究和成果突破。2024年10月28日，"创客天下·杭向未来"类脑智能专项赛复赛（新加坡）在新加坡科技创新周（TechInnovation）拉开帷幕。2024年11月5日，"创客天下·杭向未来"2024杭州市海外高层次人才创新创业大赛类脑智能专项赛决赛在杭州未来科技城圆满落下帷幕，颁奖典礼也在同日进行，8个参赛项目现场落地签约。专项赛自启动以来，便汇聚全球精英，共吸引了126个海外高层次人才团队报名参赛，经过层层选拔，最终进入决赛的20支精英团队在杭州未来科技城顺利会师。有专家表示，本次专项赛始终秉承着"高起点、国际化、重市场、强实效"的原则，希望能够通过本次大赛吸引更多的海内外高层次人才关注杭州、选择杭州、扎根杭州。活动的成功举办不仅展示了杭州市在类脑智能领域的创新实力和人才优势，而且为全球高层次人才提供了展示才华、实现梦想的舞台。

对于合成生物产业，杭州明确要加快基因编辑、蛋白质设计、仿生及分子靶向医药、干细胞与再生医学和高通量多组学筛选等技术的研发及产业化。合成生物是我国战略性和先导性产业，是当下引领新一轮科技革命和产业变革的关键新质生产力。数字经济和生物医药产业发达的杭州，为合成生物技术的孕育提供了得天独厚的土壤。目前，杭州已初步形成了以西湖区为创新策源中心，以钱塘区和萧山区为制造核心承载区，以余杭区、临平区、拱墅区等区域为多元协同发展区的"一心双核多元"产业空间布局，形成了合成生物学科技创新和产业创新融合发展的百亿级"雁阵"。据不完全统计，杭州市拥有合成生物相关企业260余家，其中规上企业67家，2023年实现产值250多亿元。2024年11月8日，浙江省杭州市举行合成生物产业高质量发展聚能奋进大会，发布《杭州市合成生物产业高质量发展三年行动计划（2024—2026）》。这是继2023年发布国内首个地级市层面的合成生物专项政策后，杭州发布的又一重磅动作。根据该计划，杭州要实施核心科技突破、平台能级提升、企业梯次培育、产业集群壮大、产业生态优化五大行动，力争到2026年，杭州市合成生物制造业总产值达400亿元，打造成为"科技创新策源地、转化应用首选地、数智生物先行地、高端人才集聚地、产业发展新高地"。此外，2025年，杭州已陆续启动10个重点产业专利导航项目，以知识产权"先手棋"落子未来产业布局，为高质量发展注入强劲动能。专利导航是指在宏观决策、产业规划、企业经营和创新活动中，以专利数据为核心，深度融合各类数据资源，全景式分析区域发展定位、产业竞争格局、企业经营决策和技术创新方向。作为国家首批专利导航服务基地，杭州高新区（滨江）率先构建起"专利导航+产业创新"融合体系。目前，足式人形机器人、低空经济等7大战略性产业专利导航项目全面启动，空地协同管控、物联网视频编码等3个关键技术专利导航同步推进，形成覆盖"前沿技术–产业应用–生态构建"的全链条导航网络。

在各地抢抓合成生物产业发展的关键时期，《杭州市合成生物产业高质量发展三年行动计划（2024—2026）》作为一份具有前瞻性的发展战略蓝图，围绕核心科技突破、平台能级提升、企业梯次培育、产业集群壮大、产业生态优化五大行动，进一步明确了杭州推进合成生物产业高质量发展的方向、空间布局、重点任务以及保障措施，无疑将推动更多资源向合成生物领域集聚，加快形成新质生产力。比如围绕创新强链，杭州将充分发挥科研资源优势，整合高校、科研院所、龙头企业等多方力量，加大关键核心技术研发攻关力度，促进更多科技成果加快向现实生产力转化，到 2026 年，争取建设 5 个以上国家级平台，10 个以上省级平台；围绕育企补链，杭州将实施合成生物企业梯次培育行动，提升龙头型企业规模、促进高成长型企业发展、培育初创型企业成长，到 2026 年，培育 10 亿元以上企业达 10 家，专精特新"小巨人"企业超 20 家，省专精特新中小企业超 100 家。

有专家介绍，《杭州市合成生物产业高质量发展三年行动计划（2024—2026）》布局了系列合成生物创新技术平台，部署了杭州市各区县合成生物产业发展重点细分领域，为杭州市发展成为继上海、天津、深圳后的合成生物产业高地提供支持。合成生物产业是杭州"生物医药产业生态圈"的重要发力点，其发展需要跨行业、跨区域协同攻关，更需要集结产学研资等各方伙伴合"创"未来。从一系列的"链"式思维，也可以窥见杭州推动合成生物产业发展从"链"入"圈"的鲜明趋势。活动当天，多个合成产业项目和 1 个产业基金落地杭州。萧山区、西湖区、钱塘区、拱墅区与院士团队开展共建签约。浙江省合成生物产业技术联盟理事长单位浙江大学杭州国际科创中心以及在杭的合成生物企业共同发布《杭州宣言——集智蓄力，推动合成生物高质量发展》，致力搭建一个开放、合作、共赢的平台，汇聚全社会的智慧和力量，共同推动杭州市合成生物产业集聚发展。今后，杭州还将持续深化同央企、国资的沟通交流、互利合作，为合成生物产业发展持续导入信息、资金、技术等要素，培育形成新的增长点和竞争新优势。未来三年，杭州市将以"十个一"目标，引领杭州合成生物产业闯关突围。即在已经出台一个产业政策、一个行动计划，建立一个产业联盟的基础上，进一步完善一个产业链图谱，打造一批产业先导区和一批特色园区，建设一批创新平台、一个中试基地和一个制造业创新中心，培育一批新势力企业，打造一个具有国际影响力的国家先进制造业集群，形成"基础理论研究 – 关键技术突破 – 创新成果转化 – 产业化生产"完整链条的创新制造体系，全力提高产业链创新链协同水平。对于 X 个前沿领域产业，杭州明确要加强研判未来信息、未来材料、未来能源、未来空间等产业的发展趋势，积极跟踪元宇宙、未来网络、量子科技、先进能源、前沿新材料、商业航天、无人驾驶等前沿领域产业的发展。

2025 年，杭州将投入 10 亿元支持重大科创平台建设，投入 49.9 亿元支持"三名"（名校、名院、名所）工程和高校建设，投入 12.4 亿元支持科技成果转移转化首选地建设和科技创新，投入 60 亿元支持人才引育培养资金。

## 四、创新"杭州模式"，凝练"杭州经验"

在推进未来产业创新发展方面，杭州全力以赴，扎实落地。政策不打折扣，全神贯注，强化精准施策。杭州正在不断创新"杭州模式"，凝练出"杭州经验"。

第一，创新需要思想引领。一个城市要走创新发展之路，首先要有创新的思想。思想引领，不是一句空话，而是一种思维方式，一种引导实践的能力。例如,"5+X"未来产业培育体系框架的形成,体现了杭州在发展未来产业时的冷静和智慧。发展未来产业,并不是眉毛胡子一把抓,并不是分不清重点乱弹琴,而是精准谋划、精准施策、精准行动,有所聚焦、有所侧重、有所为有所不为,区分轻重缓急、区分优势劣势、扬长补短、借力打力、加大协同、形成合力,从而得到以创新发展推进未来产业发展的最优解和最佳效果。

第二,创新需要付诸行动。一个城市要走创新发展之路,还要有行动力。这种引领创新发展的行动力,并非体现在形式方面,并非体现在口号方面,而是体现在具体的行动上,体现在具体的政策上,体现在具体治理中;不是以运动式的方式来体现,而是以润物细无声的方式来体现,使每一次创新思想、每一次创新行动都扎扎实实地落地生根,开花结果。多年来,杭州市以实干实绩实效推动全市经济高质量发展,强化目标导向,建立高效工作体系,创新"1245"工作法,形成互查互督、问题收集、难题协调、进展调度督导服务的闭环监管模式,推动科技创新发展。

第三,创新要坚持未来主义。杭州智慧在于,坚持创新的未来主义,积极前瞻,提前布局,做好未来产业这篇大文章。杭州这些年着眼于未来布局,从高效率的制造业基础到多样性的数字化产业生态,从天使投资、创业投资到产业资本的完整金融支持体系,以及从创业孵化器、公共创新服务平台、科技园区、重点实验室到企业研究院的多层次多元化产业化支持体系,使科创企业可以把相对有限的资源和精力聚焦在它们更擅长的价值创造环节,最大限度发挥创新能力与创造力。这种前瞻性的产业和金融布局,对不确定性强的创新企业苗芽的包容与支持,是激发城市创新活力的关键要素。

第四,创新要坚持长期主义。杭州智慧在于,坚持创新的长期主义，做好未来产业这篇大文章。没有任何一项科技突破能够随随便便成功，坚持长期主义就要克服功利主义。做困难而正确的事，意味着要耐得住等得起，要目标坚定，能啃硬骨头。定下了正确目标不能急于求成。深度求索创始人梁文峰认为："很多竞争都是阶段性的，过于纠结于短期竞争，反而容易迷失方向。"2016年起，梁文锋察觉到人工智能所蕴含的巨大潜力，带着团队夜以继日搞研究，历次更新迭代之后，才有了成熟的"深度求索"大模型。无独有偶，宇树科技CEO王兴兴也是2016年开始搞机器人研究，经过近10年的磨砺，在机器人领域的成就一跃成为世界领先。

杭州未来产业的发展和繁荣，离不开国家战略的全局引导，离不开数字经济的优质土壤，离不开包容开放的政策环境，离不开润物无声的服务机制，离不开沉心潜志的长期主义，离不开静水深流的协同创新，离不开青春力量的接续奋斗。杭州以创新方式推进未来产业发展的经验，形成未来产业创新发展的杭州经验。这个杭州经验，就是未来产业创新发展的杭州版本，凝聚了杭州智慧、浙江智慧和中国智慧。

第八章

# 将"市域之治"融入"中国之治"
## ——现代治理

治理，不同于管理，比管理更多元；治理，不同于监管，比监管更开放。

现代化治理，是一个复杂的现代化多元协同的治理运行系统。中国现代化治理，更是一个具有中国特色、中国智慧的治理巨系统。城市现代化治理，也是如此，需要推进多元化、系统化、体系化的创新治理。

站在历史和未来的交汇点上，居于文化文明的深厚根基之上，依托数字网络的信息基础设施，杭州，正行走在超大城市现代化治理之路上。

第一节

# 中国道路：
# 从中国方案到中国繁荣

城市现代化，是人的现代化在城市空间的实现。

2015年12月20日，习近平总书记在中央城市工作会议上指出："城市工作是一个系统工程。做好城市工作，要顺应城市工作新形势、改革发展新要求、人民群众新期待，坚持以人民为中心的发展思想，坚持人民城市为人民。这是我们做好城市工作的出发点和落脚点。"[1] 杭州城市现代化治理的主要经验：一是以人民为中心的治理理念，二是以创新为本的发展思路。城市高质量发展离不开创新，城市现代化治理离不开城市现代化发展。

## 一、中国式现代化治理：中国道路，中国智慧

中国之治，是指新中国成立以来，中国共产党领导人民治理国家的中国治理体制和中国治理道路。进入新时代，2013年，党的十八届三中全会通过了《中共中央关于全面深化改革若干重大问题的决定》，把全面深化改革的总目标概括为："完善和发展中国特色社会主义制度，

---

1. 《中央城市工作会议在北京举行》，《人民日报》2015年12月23日。

推进国家治理体系和治理能力现代化。"2019年，党的十九届四中全会通过的《中共中央关于坚持和完善中国特色社会主义制度、推进国家治理体系和治理能力现代化若干重大问题的决定》指出，我国国家制度和国家治理体系具有多方面的显著优势，主要是：坚持党的集中统一领导；坚持人民当家作主；坚持全面依法治国；坚持全国一盘棋；坚持各民族一律平等；坚持公有制为主体、多种所有制经济共同发展和按劳分配为主体、多种分配方式并存；坚持共同的理想信念、价值理念、道德观念；坚持以人民为中心的发展思想；坚持改革创新、与时俱进，善于自我完善、自我发展；坚持德才兼备、选贤任能，聚天下英才而用之；坚持党指挥枪；坚持"一国两制"；坚持独立自主和对外开放相统一。这些显著优势，是我们坚定中国特色社会主义道路自信、理论自信、制度自信、文化自信的基本依据。

从国家治理到社会治理，从区域治理到城市治理，中国式现代化进程在不断书写着国家治理的新篇章。党的十九届五中全会审议通过的《中共中央关于制定国民经济和社会发展第十四个五年规划和二〇三五年远景目标的建议》和十三届全国人大四次会议审议通过的《中华人民共和国国民经济和社会发展第十四个五年规划和2035年远景目标纲要》把"推进市域社会治理现代化"纳入国民经济和社会发展"十四五"规划和2035年远景目标。党的二十大报告把"加快推进市域社会治理现代化，提高市域社会治理能力"纳入中国式现代化大局。这充分表明，推进市域社会治理现代化是全面建设社会主义现代化国家的一项长期任务。

2020年11月，习近平总书记作出重要指示，要求"以市域社会治理现代化、基层社会治理创新、平安创建活动为抓手，建设更高水平的平安中国"。2020年中共中央、国务院印发的《关于加快推进社会治理现代化开创平安中国建设新局面的意见》、2022 年中共中央办公厅、国务院办公厅印发的《"十四五"平安中国建设规划》等文件，均对市域社会治理作出部署，要求"充分发挥市域在制度建设、资源统筹、手段方法、技术支撑等方面的独特优势，做好顶层设计、政策制定、组织推动等工作，探索具有中国特色、市域特点、时代特征、治理特性的社会治理新路子"。

在推进市域社会治理现代化进程中，中央政法委深入总结理论创新和实践探索，从多维度对推进市域社会治理现代化进行了制度设计。其一，印发了《关于推进市域社会治理现代化的意见（试行）》，首次明确了推进市域社会治理现代化的总体要求以及体制机制、方式手段、主要任务、组织保障等。其二，印发了《全国市域社会治理现代化试点工作实施方案》，借鉴全国各类试点工作经验，创造性地提出了"同步起跑、自愿试点、分批推进、接续达标"的工作思路，并认真组织实施。其三，印发了《关于加强试点分类指导工作的意见》，创新"地区分类、项目分解、任务分领、经验分创、责任分担"的"五分法"，把试点主要内容整合为"健全市域社会治理体制""防范化解'五类风险'""发挥'五治'作用"的"1+5+5"11 个项目，指导试点地区"全面建、重点创"。其四，先后印发了两版《全国市域社会治理现代化试点工作指引》，既为开展试点工作细化了具体措施，又为评估试点成效提供了衡量标准。这一系列文件，构建起科学规范、运行有效的市域社会治理制度体系，为推进工作提供了有力制度支撑。

## 二、全国市域社会治理现代化试点城市：城市治理先锋

经党中央批准，2019 年以来，中央政法委组织开展了全国市域社

会治理现代化试点工作。中央政法委坚持以习近平新时代中国特色社会主义思想为指导，认真贯彻落实以习近平同志为核心的党中央关于推进市域社会治理现代化的重大决策部署，以高度的政治责任感，创造性地推进市域社会治理现代化试点这项全新工作，以"市域之治"奠基"中国之治"，以"中国之治"助推"市域之治"。

2020年，浙江省金华市获批全国第一期市域社会治理现代化试点城市。金华市积极探索具有金华特色、时代特征、市域特点的社会治理模式，持续擦亮"干部下基层开展信访工作""后陈经验""龙山经验"三张金名片，着力构建组织、任务、实践、制度四大体系，一体推进风险防治、基层共治、诉源联治、整体智治，实现社会治理在市域整体统筹、重大风险在市域有效化解，试点建设整体效果明显。金华市构建全面统筹、协同推进的组织体系，构建目标清晰、全域联创的任务体系，先后组织开展"社会治理争先""基层治理体系创新"等行动。构建系统培育、基础扎实的实践体系，筛选培育"县级社会治理中心"等60个社会治理示范点位，打造"大综合一体化"等15项标志性成果，积极承担"发挥自治强基"等两项全国性项目试点任务。2023年，金华市被确定为"全国市域社会治理现代化试点合格城市"。

广东省深圳市先行先试，积极申报第一期试点城市，并于2020年6月得到中央政法委批复同意。深圳市按照"一年成型、二年成势、三年成效"总部署，锚定"全能冠军"和"走在前列"总目标，聚焦市级优势、突出市域特点、创新市域实践，聚焦体制机制、工作布局、治理方式三大板块，一体推进"1+5+5"体系建设，走出一条以"市域之治"奠基"省域之治"乃至"中国之治"的先行先试之路。"党委领导、政府负责、民主协商、社会协同、公众参与、法治保障、科技支撑"的治理体制不断健全，共建共治共享治理格局不断完善，城市治

金华市婺城新城区美丽图景　中新图片/胡肖飞

理能力和治理水平显著提升。深圳市坚持和发展新时代"枫桥经验"，把市域社会治理现代化试点中形成的创新机制、经验做法、工作成效，运用到矛盾纠纷多元化解法治化工作中，深入推进"1+6+N"基层社会治理工作体系建设，不断夯实基层治理基础，提升基层治理效能，为深圳建设好中国特色社会主义先行示范区、创建社会主义现代化强国的城市范例创造安全稳定的政治社会环境。2023年，深圳市获评"全国市域社会治理现代化试点合格城市"，相关工作经验获评"全国市域社会治理现代化试点优秀创新经验"。

2020年6月，甘肃省兰州市被中央政法委确定为全国第一批市域社会治理现代化试点城市。兰州市坚持和发展新时代"枫桥经验""四下基层"，深入实施"平安细胞工程"，推进各级各部门将矛盾纠纷预防在早、化解在小，做到立足基层治理体系化，重构重塑横向为"乡街、村社、小区村组"三级网格联动治理架构、纵向为"大数据＋网格化＋群众路线"三条线协同发力机制的"田字型"基层社会治理体系，不断健全完善共治、自治、法治、德治、善治"五治一体"基层治理新格局，打造党建引领基层治理和新时代"枫桥经验"兰州样板。在大数据、云计算等前沿技术的赋能下，小兰社会治理综合指挥中心已逐步发展成为兰州市推进城市管理手段、管理模式、管理理念创新的"智慧大脑"，以更大力度推进数据赋能社会治理。2023年，兰州市被确定为"全国市域社会治理现代化试点合格城市"。

2019年以来，新疆维吾尔自治区乌鲁木齐市全面深入贯彻落实中央、自治区关于市域社会治理现代化试点工作系列部署要求，推进社会治理体制不断完善，"五治"融合的治理方式持续创新，市域社会治理能力水平显著提升，全民共建共治共享的社会治理格局基本形成。乌鲁木齐市完善机制制度，先后制定印发《试点工作三年实施方案（2020—2022年）》《深入推进市域社会治理现代化的实施方案》《推进基层社会治理现代化"1+6"工作方案》《试点分类指导工作实施方案》等一系列配套文件，为推进试点工作提供坚实支撑。结合工作实际，乌鲁木齐市实施了一批行之有效的创新举措，打造了"百姓说事云·书记直通车"、"社区微线索·局长直通车"、大巴扎"智慧社区"、平西梁村"数字乡村"等一批特色品牌项目。2023年，乌鲁木齐市被确定为"全国市域社会治理现代化试点合格城市"。

不同的城市，探索着不同的城市现代化治理。

不同的城市，呈现出不同的现代化治理色彩。

窥斑知豹。从区域之治到中国之治，这条中国之路走得坚定、走得坚实。

## 第二节

# 杭州经验：
# 从理念性创新到系统性创新

现代化进程，是创新进程，也是治理进程。中国式现代化，是中国的创新实践，也是中国的瑰丽篇章。

城市现代化，杭州一直在思考，一直在探索，一直在实践，一直在推进。杭州现代化，是中国式现代化的杭州实践、杭州篇章。

## 一、浙江现代化："八八战略"奠基指向

在中国式现代化进程中，持续实施、推进的"八八战略"是中国式现代化的浙江实践和浙江版本。"八八战略"指的是 2003 年 7 月，浙江省委、省政府提出的面向未来发展的战略，其具体内容是进一步发挥八个方面的优势、推进八个方面的举措。

在"八八战略"的正确指引下，浙江在 20 余年间实现了经济社会的全面协调可持续发展。为统筹生态环境保护和经济社会发展，促进浙江生态优势转化为发展优势，创造性提出"绿水青山就是金山银山"；为推进经济结构调整、转变发展方式，提出"腾笼换鸟""凤凰涅槃"；为促进区域协调发展，通过发达地区带动欠发达地区发展，推动实施了"山海协作工程"；为推动乡村建设，实施了"千万工程"，提出"人人有事做、家家有收入"的发展目标；为扩大对外开放合作，

提出"跳出浙江发展浙江",发展"地瓜经济";等等。

"八八战略"本质上是察民情、解民生、谋民利的为民利民之举。它立足于浙江的"老百姓经济",聚焦于广大城乡群众的所虑所盼,回应的是浙江经济社会转型升级的痛点难点。"八八战略"带来的变化和影响,由面到点、由远及近,涉及老百姓衣食住行、教育就业、就医养老等方方面面,就在人民群众的身边,看得见,摸得着,体会得到。

20余年来,"八八战略"引领浙江发生了翻天覆地的巨大变化,实现了从资源小省向经济大省、外贸大省向开放强省、环境整治向美丽浙江、总体小康到高水平全面小康的历史性跃升。

20余年的生动实践,引领浙江找到了治理现代化的基本规律和发展方向,找到了符合时代要求、符合浙江实际的党建统领省域治理总方略,找到了发挥制度优势塑造发展胜势的成功之道,以"浙江之窗"向世界展示"中国之治"、中国智慧、中国方案。

## 二、杭州现代化:杭州特色,现代化尺度

创新造就城市风格,创新焕发城市活力。

创新发展,标定现代化尺度。

在这里,现代化,就是中国式现代化。杭州现代化,则是中国式现代化的杭州样本。

什么是杭州特色?什么是杭州经验?

对于杭州来说,创新已经成为杭州城市气质的最为重要的特征之一。而杭州这种创新城市气质的形成,则是由一以贯之坚持创新改革的态度和行动所决定的。

2006年,杭州市入围第一批"中国服务外包基地城市"。2009年、

2018年、2020年,杭州先后获批"中国服务外包示范城市""深化服务贸易创新发展试点""国家数字服务出口基地"称号。经过多年发展,凭借较好的软件产业及优质的承接服务外包企业,杭州已成为全国服务外包的重要城市。服务外包产业是现代高端服务业的重要组成部分,事关城市发展能级,事关高水平开放。近年来,杭州市以"打造最具价值的服务外包城市"为主线,加快服务外包产业转型升级,为稳就业、稳外贸、稳外资,打造"数智杭州·宜居天堂"作出了突出贡献。杭州市服务外包产业的发展之"速"、向"高"而攀,已积成势之"厚",已得"聚势而强"之效。在杭州打造"城市范例"、迈向国际名城的过程中,服务外包产业将成为构建新发展格局、培育国际合作与竞争新优势的重要力量。

2013年2月28日,党的十八届二中全会决定改革工商登记制度,放宽工商登记条件,加强对市场主体、市场活动监督管理,商事制度改革由此拉开序幕。2013年10月25日,国务院审议通过《注册资本登记制度改革方案》,确立了商事制度改革总体设计。11月12日,党的十八届三中全会要求推进工商注册制度便利化,改革市场监管体系,实行统一的市场监管。12月28日,十二届全国人大常委会第六次会议审议修改了《中华人民共和国公司法》,明确将公司注册资本实缴登记制改为认缴登记制,取消公司注册资本最低限额制度,为推进商事制度改革提供了法治保障。2014年2月19日,国务院决定修改《中华人民共和国公司登记管理条例》《中华人民共和国企业法人登记管理条例》等8部行政法规、废止2部行政法规。3月1日,工商登记制度改革在全国范围启动,正式拉开了改革的序幕。

商事制度改革,为杭州创新发展提供了重要契机。2013年,党中央和国务院明确发出商事制度改革信号之后,杭州率先破题,秉持以人民为中心，立足市场经营主体迫切需求，围绕搬掉资金难、取名难、落户难"三座大山"，推出一系列改革举措，解决了企业开办"能不能""有没有"的问题。杭州信奉"大道至简"的原则，瞄准群众办事的难点、痛点，不断深化简政放权，率先推行了"五证一章联发""五证合一"等改革举措，推动营业执照，组织机构代码证，税务、社保、统计登记证"一照五码"向"社会信用代码"的统一；率先探索了注册资本实缴改认缴，实行公章、税控设备赠送，放宽住所登记条件，从而有效降低了企业开办成本。从2013年起，杭州推进"最多跑一次"改革，先后出台将注册资本由实缴改为认缴、实行多证合一和信息共享等改革举措。数据显示，杭州市场经营主体总量由2013年末的58.6万户增长至2023年末的187.5万户，10年间增长了两倍多，年均增长12.33%。这表明，杭州在对于党中央精神的心领神会和贯彻落实上，是不打折扣、真抓实干的，是持续用力、不断推进的。

如何以一种新的发展思维和模式，破解杭州发展面临的挑战，抢占未来发展制高点？2014年，杭州在全国率先提出"发展信息经济，推广智慧应用"，实施信息经济"一号工程"；2014年7月，中共杭州市委十一届七次全会作出了发展信息经济的战略部署，审议通过了《关于加快发展信息经济的若干意见》，提出要"全面实施创新驱动发展战略，加快发展信息经济，全面推进美丽中国先行区建设，全力推动杭州高起点上的新发展"。杭州电子科技大学原党委副书记陈畴镛认为："杭州把创新发展体制机制作为一项重要工作部署，着力推进政务和公共信息资源开放与共享利用、着力推动信息经济发展模式创新、着力推进信用杭州建设和信息安全保障，为破解制约杭州发展信息经济智慧应用的主要问题找到了路径。"大力发展信息经济、推动智慧应用，被杭州定义为"一号工程"。在杭州，云栖小镇、梦想小镇和基金小镇，云谷、西溪谷和传感谷，这些立足于创业创新的小镇，被城市管理者统称为"三镇三谷"，并悄悄转化为"一号工程"的全新生产力。

2015年1月，杭州市"一号工程"工作领导小组第四次全体会议对《杭州市建设"六大中心"三年行动计划（2015—2017年）》的编制情况进行了研究部署，进一步瞄准信息经济和智慧应用，精准发力。

2015年9月25日，《杭州市智慧经济促进条例》在浙江省十二届人民代表大会常务委员会第二十三次会议上获得通过。该条例旨在推进杭州智慧经济发展，具体包括智慧经济的发展规划、基础设施建设、发展促进以及相关的管理活动。在该条例中，智慧经济是指基于云计算、大数据、物联网、移动互联网等信息技术，以知识和数据为核心生产要素，以信息科技创新应用与产业间的协同发展为核心特征，具有自主性、创新性、协同性和可持续性的一种现代经济发展形态。

2015年12月，杭州市人民政府办公厅发布《关于印发杭州"创新创业新天堂"行动实施方案的通知》。该实施方案根据《国务院办公厅关于发展众创空间推进大众创新创业的指导意见》精神制定，旨在深入实施创新驱动发展战略，适应和引领经济发展新常态，大力发展信息经济，推广智慧应用，推进国家自主创新示范区和小微企业创业创新基地城市示范建设。该实施方案明确了到2020年的发展目标：创新创业体系更加优化，国内外创新创业资源有效集聚，创新创业效益大幅提升，创新创业理念深入人心，成为具有全球影响力的"互联网+"创新创业中心和创新创业者向往的"创业者的天堂"。该实施方案还明确，要加强杭州都市圈的区域合作，发挥杭州的资源优势、人才优势，实现联动发展。加强与北京中关村、上海张江、武汉东湖、深圳、长株潭、苏南等国家自主创新示范区的联系与协作，加强与长三角主要城市的互动联合。"创业者的天堂"目标的提出，显示出杭州在推进创新发展进程中的积极态度；同外部资源的广泛合作，又显示出杭州在推进创新发展进程中的开放心态。正是由于这种对于积极态度和开放心态的持续坚持，杭州才有了 2025 年的科技创新发展的爆火出圈。

2016 年，杭州成为中国首批"数字经济"城市，在"云栖大会"上提出"寻找下一个阿里"；2016 年，浙江省启动"最多跑一次"改革后，杭州市在国内率先建成商事登记"一网通"系统，打通 33 个涉企证照审批部门业务系统。

2018 年，杭州民营经济总量占 GDP 比重超过 60%，入选中国民营企业 500 强数量连续 16 次蝉联国内城市第一，市场主体总量超过 120 万；2018 年，杭州提出打造全国"数字经济第一城"，杭州数字经济实现增加值 3356 亿元，占 GDP 比重达 24.8%，涌现出一批世界级的领军企业及大批科技型独角兽企业。

在 2021 年 5 月公布的国家营商环境评价中，杭州"开办企业"指标连续两年保持位列全国第四。2019 年和 2022 年，杭州市商事制度改革两获国务院真抓实干督查激励。持续深化的商事制度改革，为杭州打造营商环境最优市打下了坚实的基础。

至 2023 年，杭州的商事制度改革几乎涵盖市场主体从"宽进"到"严管"、从"准入"到"退出"的全过程，真正做到了"数字赋能办事便利化"。作为数字经济第一城，杭州充分发挥数字经济和数字技术先发优势，以数字化推动企业办事便利化，全力推动就近办、网上办、一网通办等，着重在解决企业开办"好不好"的问题上下功夫。杭州坚持线上线下场景普惠，推进全程电子化登记、零见面审批，将营业执照和备案许可审批事项进行流程再造、环节整合、业务打包，实现全链条"一次申请、集成服务、并联审批、一次办结"，业务数据及时推送，为事中事后监管提供有力支撑；全面推行食品经营许可远程视频"互联网＋核查",实现食品经营许可现场核查"零见面"审批,最快 30 分钟办结,让"最多跑一次"到"一次不用跑"成为现实。这一改革,为杭州的创新发展种下了种子,埋下了伏笔,奠定了基础。

2024 年 1 月 19 日,杭州市人大常委会第十六次会议通过《杭州市数字贸易促进条例》。3 月 29 日,该条例经浙江省十四届人大常委会第九次会议批准,于 2024 年 6 月 1 日起施行。该条例共七章四十八条,结合杭州数字贸易发展实际,在清晰界定数字贸易概念的基础上,围绕数字贸易业态模式、主体培育、数字营商环境、开放与合作、保障措施等方面作了规定。由此,杭州成为全国首个制定数字贸易领域

互联网兴起 30 年以来,涌现出阿里巴巴、海康威视等数字经济龙头企业的杭州作为数字经济第一城的观念深入人心。图为位于浙江杭州未来科技城的阿里巴巴杭州全球总部　中新图片 / 引炜

地方性法规的城市。该条例明确了数字贸易相关概念并为各类业态创新提供了法律保障。杭州依托跨境电商、数字支付等产业优势，推动数字经济和全球数字贸易规则接轨，为全国数字贸易立法提供了示范。作为全国首部数字贸易领域地方性法规，该条例并非管理类立法，而是创制性、促进类立法，通过立法引导、提倡等措施，鼓励地方先行先试。该条例在国内创下多个首次：首次明确数字贸易的法定概念、范围和业态模式；首次明确地方立法机关可以推动制定和实施数据跨境流动的规则；首次明确政府各部门在促进数字贸易发展中的职责，为通过地方立法促进数字贸易发展提供了杭州方案。

## 三、2025 年：杭州城市现代化再出发

营商环境只有更好，没有最好。聚焦未来产业，杭州部署了一系列具有前瞻性的政策资源。诸如围绕五大产业生态圈的打造，杭州发展产业的定位更明晰、定力更充足；围绕城西科创大走廊和城东智造大走廊的建设，杭州发展产业的框架愈加宏大、布局愈加合理。杭州的产业布局，不搞"内卷"，而是完全从自身优势出发，向科技要增量、向未来要增量。进入 2025 年以来，杭州提出加大力度发展人工智能、低空经济、人形机器人、类脑智能、合成生物五大风口潜力产业。这些产业的共同特点是科技含量高、成长潜力大、产业带动性强，更重要的是，能充分发挥杭州高端人才、科创平台、场景打造等优势，也能有效规避杭州土地空间有限、交通物流受限、传统产业链配套不强等问题。这种创新发展路径，为杭州的高质量发展提供了源源不断的内生动力。

杭州，应该如何推进科技创新？企业是创新的主体，是推动创新

创造的生力军。加快科技成果向现实生产力转化，必须强化企业科技创新主体地位。杭州市场经济活力足、民营经济主体多，在册企业数量已超过 100 万家。聚焦为企业疏堵点、解难题、增活力，杭州市政府主导推出了"3+N"产业基金集群，包括科创基金、创新基金、并购基金和 N 只行业专项基金，2025 年将扩大到 3000 亿元的规模。

"杭州六小龙"的出现，并非"忽如一夜春风来"，而是萌芽于杭州优渥的创新土壤，这意味着十几年来播下的种子，已经渐次开花结果。杭州市提出"三个 15%"的科技投入政策，为杭州科技创新提供了持续的资金支持，表明杭州正致力培育一批有国际竞争力的新赛道企业，这就是布局未来。杭州持续向"新"而行——连续 3 年位居"全球百强科技集群"第 14 位，国家创新型城市创新能力指数排名全国第 4 位，连续 14 年入选"外籍人才眼中最具吸引力的中国城市"。

"无事不扰、有求必应"，"三个 15%"的科技投入政策，"包容十年不鸣，静待一鸣惊人"，"大兴科技、大抓创新、大力发展新质生产力"……这些源于创新实践、引领创新发展的原则方法，是杭州现代化进程的重要构件和关键举措。这种基于创新发展的现代化探索，既是中国式现代化的杭州做法，也打造了中国式现代化的杭州样本。

1. 数字技术、数字经济，是现代化的重要基座。

数字杭州，以"关键变量"转化"最大增量"。党的十八大以来，以习近平同志为核心的党中央，坚持把创新摆在国家发展全局的核心位置，并将创新列为新发展理念之首。从创新驱动发展战略到数字中国，抓住大趋势，下好先手棋，抢占制高点，不断推动把科技创新这个"关键变量"转化为高质量发展的"最大增量"。在发展数字杭州进程中，杭州从首个提出"机器人 +"到人工智能产业，创新政策体系不断迭代完善。成立之江实验室，积极布局类脑计算与脑机融合、新型芯片、人工智能开源开放平台等前沿项目。规划 AI 产业园，形成"算力基建－算法研发－场景落地"的新三角。针对科技型初创企业融资难题，杭州专门成立了 1000 亿元科创基金。在提供资金支持的同时，杭州瞄准科技成果转化难的问题，搭建技术转移转化"高速路"。2025 年 2 月，在杭州市技术转移转化中心，全国首个成果转化领域的人工智能大模型完成升级迭代，能够分析预测超 9.6 万家企业的潜在技术需求 30 多万项，把这些需求跟科技企业的成果对接，为它们搭起智能匹配的桥梁。

2025 年 1 月 22 日，杭州市统计局发布数据，根据统一核算结果，2024 年杭州地区 GDP 为 21860 亿元，按不变价格计算，比 2023 年增长 4.7%。这是杭州在 2023 年迈入"2 万亿俱乐部"后公布的首份"发展年报"。2024 年，杭州现代服务业、先进制造业以及数字经济等优势产业保持良好态势，投资结构持续优化，消费和外贸"马车"动力不减，共同推动杭州经济实现高质量发展。2024 年，杭州数字经济比重再创新高。一批科创企业让全球目光再次聚焦杭州，这些企业"火出圈"背后，是杭州多年来抢抓数字经济发展机遇的成果，是杭州数字经济和新质生产力的典型代表。这体现在数字上：2024 年全市数字经济核心产业增加值 6305 亿元，增长 7.1%，高于 GDP 增速 2.4 个百分点，占 GDP 比重达 28.8%。

2. 城市大脑，智慧城市，是现代化的重要载体。

杭州城市大脑，不断迭代升级，推进智慧赋能，提速城市现代化治理能力和水平。杭州城市大脑引入和部署 DeepSeek-R1 系列模型，全面支撑赋能"数智公务员"，并应用于医疗、文旅等行业智能体，实现从"数据跑腿"到"AI 思考"的升级。杭州城市大脑"数智公务员"引入 AI 技术后，为政务服务按下"加速键"，将对 15 种法定公文、7

类事务文书模板全覆盖，输入需求即可一键生成内容，智能排版、校对润色，效率提升80%。过去工作人员需要打几十通电话、翻几十份报表的工作，现在"动动嘴"就能获取实时经济指标、民生热点数据，自动生成可视化报告。AI对城市运行数据进行实时监测，异常情况秒级预警，为科学决策提供参考依据。杭州市用DeepSeek支撑赋能"数智公务员"，离不开杭州城市大脑的深厚积累。2023年杭州城市大脑明确人工智能生成内容（AIGC）为发展方向，2024年建成全国首个"可信可控、训推一体"的政务垂域模型训练场，通过知识数据、模型训练、智能编排、模型测评、应用发布、模型安全"六大中心"建设，形成"拎数入场、提智赋能"的智能体生产体系，极大降低了大模型技术应用的门槛和成本，算力利用率提升10倍；模型训练开发效率提升8倍，最快几小时就能完成训练。除"数智公务员"外，杭州城市大脑还推出一批贴心AI助手：政策管家"亲清小Q"，1分钟精准解读政策，推荐准确率达89%，7×24小时在线答疑；旅行达人"杭小忆"，一句话推荐西湖游船路线、灵隐寺攻略，直接订票、查活动，实现"边问边下单"的旅行闭环；人社专家"小灵光"，实现社保查询、欠薪维权一键完成，把复杂政策翻译成"大白话"，让市民们使用起来更加便利。

在现代化建设和现代化治理进程中，杭州躬身入局，精耕细作，勇做弄潮儿，敢当先行者。杭州的现代化治理实践及成就蕴含着杭州智慧和中国智慧。如今，杭州已经发展成为一座现代化之城，正走在具有中国特色、符合杭州实际的现代化之路上。

第三节

# 杭州善治：
# 从杭州之治到中国之治

政善治，事善能。因治理，而善治。

杭州城市现代化治理，有创新，有思考，有规划，有落地，有成效。

杭州城市现代化治理，将现代化治理能力下沉到了城市治理的细枝末节。

## 一、杭州式现代化的规划和治理

2015年12月20日，习近平总书记在中央城市工作会议上指出："在城市快速发展过程中，能否形成符合当地实际、体现资源禀赋和文化特色的城市发展空间结构、规模结构、产业结构，直接关系城市发展全局。"[1] 杭州城市现代化进程，遵循了城市发展的这一客观规律和总体要求，在杭州实际、资源禀赋、文化特色的基础之上，谋篇布局、精耕细作，不断将城市现代化治理推向新高度。

2019年10月31日，党的十九届四中全会通过《中共中央关于坚持和完善中国特色社会主义制度　推进国家治理体系和治理能力现代

---

1. 《习近平著作选读》（第一卷），人民出版社2023年版，第409页。

化若干重大问题的决定》。该决定指出：当今世界正经历百年未有之大变局，我国正处于实现中华民族伟大复兴关键时期。顺应时代潮流，适应我国社会主要矛盾变化，统揽伟大斗争、伟大工程、伟大事业、伟大梦想，不断满足人民对美好生活新期待，战胜前进道路上的各种风险挑战，必须在坚持和完善中国特色社会主义制度、推进国家治理体系和治理能力现代化上下更大功夫。坚持和完善中国特色社会主义制度、推进国家治理体系和治理能力现代化的总体目标是，到我们党成立100年时，在各方面制度更加成熟更加定型上取得明显成效；到2035年，各方面制度更加完善，基本实现国家治理体系和治理能力现代化；到新中国成立100年时，全面实现国家治理体系和治理能力现代化，使中国特色社会主义制度更加巩固、优越性充分展现。

党的十九届四中全会对坚持和完善中国特色社会主义制度、推进国家治理体系和治理能力现代化作出了重大战略部署。而城市治理则是国家治理的重要内容，直接影响着市民的幸福指数。作为全国唯一一座连续多年荣获"中国最具幸福感城市"称号的城市，杭州以创新发展的方式走出了一条大城市治理现代化的新路。

2019年，在杭州城市现代化治理进程中具有关键性意义。

2019年12月27日，杭州市委十二届八次全体（扩大）会议审议通过了《中共杭州市委关于高水平推进杭州城市治理现代化的决定》。该决定分9大部分、22条，内容丰富，目标明确：到中国共产党成立100年时，城市综合能级和核心竞争力全面提升，城市数字化转型全面突破，经济、政治、文化、社会和生态文明各领域治理全面增效，为高水平全面建成小康社会提供强有力制度保障；到2035年，基本实现城市治理现代化，发展质量和治理效能显著提高；到新中国成立100年时，高水平实现城市治理现代化，形成与独特韵味别样精彩世界名城相匹配的治理体系和治理能力。该决定提出要"完善八个方面机制、提升八个方面水平",即完善党的领导机制,不断提升城市治理的政治引领水平;完善民主政治建设的机制,不断提升城市治理的法治保障水平;完善经济高质量发展的机制,不断提升城市治理的动能接续水平;完善文化繁荣兴盛的机制,不断提升城市治理的凝心聚力水平;完善社会建设的机制,不断提升城市治理的共建共治水平;完善生态文明建设的机制,不断提升城市治理的环境友好水平;完善基层治理的机制,不断提升城市治理的强基固本水平;完善治理能力建设的机制,不断提升城市治理的谋划执行水平。

不管是特大城市,还是超大城市,都是一个复杂巨系统。高水平推进城市治理现代化,必须根据自身资源禀赋和发展阶段特征,积极探索标本兼治、长短结合、系统集成、特色鲜明的善治之策。

## 二、杭州式现代化的策略和善治

杭州着重强调,要创新治理体制、提升治理能力,开创具有杭州特色的大城市治理现代化新路。那么杭州特色,"特"在哪里?极具杭州味道的"善治六策",提供了答案。

1. 推进统筹之治,打造高能级的城市。打造高能级的城市,必须着眼大区域、拓展大视野、树立大格局。在长三角一体化发展上升为国家战略以后,杭州更是多次强调要准确把握杭州的城市定位:杭州要在全国、长三角、浙江发展大局中乃至全球竞争中找准定位,集聚更多全球高端资源要素,代表浙江乃至中国更好参与全球竞争分工,在全球城市坐标系中继续跃升,为全国全省发展大局作出更多贡献。

2. 推进科技之治,打造数字化的城市。杭州明确提出,要打造"全国数字经济第一城",也要打造"全国数字治理第一城",织就指尖上无所不包、无处不在、无时不有的感知网,让生活、工作在杭州的人们持续享受数字时代的红利,为全国乃至全球大城市治理数字化提供系统解决方案。在杭州,系统解决方案就是:做强做优城市大脑,打造城市运行数字化最优解决方案;做深做细"移动办事之城",打造政务服务最优解决方案。这两个解决方案不仅要让数据多跑腿、群众少跑腿甚至不跑腿,更要为城市精细化治理创造出"1+1>2"的倍增效应,以最小的资源消耗获得最大的承载能力、以最少的人力投入实现最好的惠民成效。

3. 推进良法之治,打造知敬畏的城市。杭州明确提出,要构建完备的法律规范体系,针对杭州城市治理现代化中的热点问题开展立法,及时把行之有效的治理经验做法上升为制度规定,推动立一件、成一件、行一件。杭州还对加快社会信用体系建设进行了部署,提出要完善守信联合激励和失信联合惩戒机制,贯通钱江分、芝麻信用等政府、市场信用评价体系,推动规则意识、契约精神深入人心,使杭州成为"最讲信用的城市"。在平安杭州和法治杭州建设方面,杭州明确要坚持和发展新时代"枫桥经验",全面提升矛盾纠纷预防化解法治化水平,加快推进超大城市基层治理现代化。要构建完善闭环管控"大平安"机制,健全平安建设组织、责任、宣传体系,建设更高水平的平安杭州。要保障和促进社会公平正义,完善法治体系,增强法治自信,建设更高水平的法治杭州。

4. 推进协商之治,打造老百姓的城市。杭州明确提出,要重点健全"四项机制":健全为民办实事长效机制。完善民生实事项目票决制,构建听群众呼声、为群众服务、受群众监督、由群众评价的工作闭环,聚力解决民生热点问题。健全基层协商民主机制。持续开展"政协走亲",深化基层治理自治、法治、德治"三治融合",探索完善以党支部为统领、业委会执行、物业公司参与的城市小区治理新模式。建立健全"民意直通车"长效机制。进一步发挥"我们圆桌会""民情热线""今日关注"等载体作用，总结推广人大代表联络站、政协委员工作室等好经验好做法，完善街道居民议事制度。建立"走亲连心三服务"网格员机制。推动"最多跑一次、服务送上门"理念向基层治理延展，把"走亲连心三服务"与网格工作机制相结合，形成"网格化、组团式、全科型"服务模式。

5. 推进人文之治，打造有情怀的城市。杭州明确提出，要重点抓好"三个有机融合"：坚持打造世界遗产群落和实施"城市记忆"工程有机融合，坚持完善城乡公共服务体系和实施文化精品工程有机融合，坚持文明城市创建和新时代文明实践中心试点有机融合。全景式展现

杭州拥有西湖、大运河、良渚古城遗址三大世界文化遗产，是国务院首批公布的历史文化名城，也是当之无愧的"世界遗产之城"。在此基础上，杭州积极打造世界文化遗产群落，彰显文化名城魅力。图为良渚古城遗址公园　中新图片／杭州良渚遗址管理区管理委员会

城市中点点滴滴的温暖，努力使杭州成为"最有温情的善城"。

6. 推进开放之治，打造国际范的城市。杭州明确提出，要更好统筹利用国际国内两个市场、两种资源、两类规则，全面提升杭州城市国际化水平。杭州要对标世界银行营商环境评估标准营造国际一流营商环境，持续深化"最多跑一次"改革，营造透明高效的政务服务环境、开放便利的投资贸易环境、成本适宜的产业发展环境、充满活力的创业创新环境、公平公正的法治环境、舒适宜居的生态人文环境。杭州还要以"窗口"意识提供更多国际化公共产品，探索建立符合国际规则和国际惯例的公共服务体系，积极加入国际组织，扩大"朋友圈"，提升影响力。

杭州特色的"六策"是善治之策，它所体现的是杭州城市现代化治理的善治。杭州城市现代化治理，按照体系化推进的治理思维，从不同维度建构了杭州城市现代化治理的完整体系。

### 三、杭州式现代化的目标和走向

杭州的人口"虹吸效应"，始于将"大力发展信息经济、推动智慧应用"确定为"一号工程"后的 2015 年。2015 年，杭州首次进入"万亿 GDP 城市俱乐部"，并首次跻身全国特大城市。

2023 年，杭州城区人口突破千万，迈入超大城市行列。浙江省统计局发布的 2023 年全省人口主要数据公报显示，2023 年末杭州常住人口达 1252.2 万。

同年，杭州市经济总量再上新台阶，GDP 达 20059 亿元，实现从"1 万亿方阵"到"2 万亿方阵"的大跨越。同时，G20 杭州峰会、杭州亚运会等重大会议和赛事的带动，以及围绕建设"全球人才蓄水池"

目标出台的各项人才新政，也吸引越来越多的人涌入杭州。常住人口连续增加的同时，杭州城区人口也在不断扩容。2023年，杭州实现从特大城市到超大城市的跨越，并成为全国10个超大城市之一。城市规模越大，治理面对的问题越复杂。这些"成长的烦恼"如何破解？杭州在推进城市治理现代化进程中开始关注新的课题。

2024年11月27日，以"提升超大城市治理能力和现代化水平"为主题的杭州市政协十二届十五次常委会会议举行。高质量推进超大城市建设，提升城市治理能力和现代化水平，是杭州迈入"后亚运、两万亿、超大城市"新发展阶段后必须回答好的时代之问。杭州市政协将"提升超大城市治理能力和现代化水平"作为2024年的重点履职课题，组织广大政协委员，联动各民主党派、工商联和有关界别、区县（市）政协开展了全面调研。

2024年12月27日，杭州市委十三届八次全体（扩大）会议暨市委经济工作会议提出要求，要着力防风险、提品质、强功能，做优城市空间格局，深化新型智慧城市建设，增强城市安全韧性，夯实社会治理基础，在推进超大城市治理现代化上见成效、求突破。要以"千万工程"推动市域一体化发展，推进以县城为重要载体的新型城镇化、和美乡村提质扩面、城乡融合一体发展，在缩小"三大差距"、争当共同富裕示范区城市范例上见成效、求突破。

从城市传统治理到城市现代化治理，从特大城市现代化治理到超大城市现代化治理，从地方性的城市现代化治理到全球化的城市现代化治理，没有终点站，只有新征程。杭州，以统筹之治、科技之治、良法之治、协商之治、人文之治、开放之治推动着超大城市现代化善治，形成了杭州样本。

第九章

"创新创业新天堂"
——魅力引领

杭州的雨，西湖的风，钱塘江的潮，柳浪闻莺的宁静，万松书院的蝉鸣……

龙井的茶，阿里的梦，千岛湖的景，"最忆是杭州"的旋律，"晓出净慈寺"的钟声……

上有天堂，下有苏杭。

这是经典杭州魅力之所在。

创新之城，创造之城。

这是现代杭州魅力之所在。

杭州的魅力，既源于中国古典智慧的沉淀，也源于中国现代智慧的涵养。

2025年开年后的杭州，平均每天诞生280多家企业，超过70件专利获得授权，近1700万元资金投向初创型科技企业……

杭州，以创新的魅力散放着璀璨的光芒。

杭州，以创造的精神照亮着未来的征程。

## 第一节

## 创新天堂：
## 创新创业新天堂

杭州，是浙江省的省会，是中国东部地区重要的中心城市之一。

杭州，是历史文化名城、创新活力之城、生态文明之都，是魅力四射的中国之城，是闻名中外的人间天堂。

杭州，以创新的姿态承接优秀历史传统，以创新的姿态应对现实种种挑战，以创新的姿态向着未来不断开拓进取。

### 一、"三个第一"：深度融合，协同发力

从风景天堂、西湖天堂到"硅谷天堂"、高科技天堂，凸显出杭州作为魅力之城的时代变迁，勾勒出杭州作为创新城市的发展轨迹和发展路径。

杭州的创新成就，并非无源之水、无本之木，而是延展于中国的顶层设计之中，深植于中国的创新土壤之上。

有了创新的中国，才有了创新的浙江，才有了创新的杭州。

2018年12月18日，习近平总书记在庆祝改革开放40周年大会上的讲话中指出："我们要坚持创新是第一动力、人才是第一资源的理念，实施创新驱动发展战略，完善国家创新体系，加快关键核心技术自主

创新，为经济社会发展打造新引擎。"[1] 第一动力和第一资源的深度融合、协同发力，成为实施创新驱动发展战略的关键所在。

2022年10月16日，习近平总书记在党的二十大报告中指出："必须坚持科技是第一生产力、人才是第一资源、创新是第一动力，深入实施科教兴国战略、人才强国战略、创新驱动发展战略，开辟发展新领域新赛道，不断塑造发展新动能新优势。"[2] "三个第一"，指向的是创新发展和高质量发展的关键点和重要基础。

2023年11月21日，中国科学技术发展战略研究院发布的《国家创新指数报告2022—2023》显示，全球创新格局保持亚美欧三足鼎立态势，科技创新中心东移趋势更加显著，中国创新能力综合排名上升至第十位，向创新型国家前列进一步迈进。该报告选取与我国具有可比性的40个国家（其研发投入总和占全球95%以上，GDP之和占世界85%以上）作为评价对象，从创新资源、知识创造、企业创新、创新绩效和创新环境5个维度构建了评价指标体系。结果显示，2023年，中国国家创新指数综合排名世界第十位，较2022年提升三位，是唯一进入前15位的发展中国家。国家创新能力取得显著进步，从2000年的第38位快速提升至2011年的第20位，随后稳步上升至第十位。

2024年10月25日，根据国家统计局社科文司《中国创新指数研究》课题组测算，2023年中国创新指数达到165.3（2015年为100），比2022年增长6.0%。分领域看，创新环境指数、创新投入指数、创

---

1. 习近平：《在庆祝改革开放40周年大会上的讲话》，《人民日报》2018年12月19日。
2. 习近平：《高举中国特色社会主义伟大旗帜　为全面建设社会主义现代化国家而团结奋斗——在中国共产党第二十次全国代表大会上的报告》，《人民日报》2022年10月26日。

新产出指数和创新成效指数分别达到 177.1、155.0、199.7 和 129.4，分别比 2022 年增长 10.4%、5.5%、6.5% 和 0.4%。结果表明，2023 年中国创新指数呈现稳步增长态势，我国创新环境不断优化，发展新动能集聚壮大，创新能力持续提升，为高质量发展提供有力支撑。

这些数据表明，创新发展在我国高质量发展进程中已经形成了强大动能、强大惯性，并为科技创新、产业创新提供了肥沃的土壤和良好的环境。

在创新中国的大背景之下，创新浙江、创新杭州才会脱颖而出，才能英雄有用武之地。

## 二、杭州魅力：创新创造者天堂

创新，自理念开始。

但是，创新终究要付诸行动。

创新，自战略而起。

但是，创新终究要化为成果。

创新，既需要一往情深。

创新，更需要久久为功。

2019 年，杭州明确提出，要持续深化推进各项改革举措，不断优化创新创业生态，努力把杭州打造成为全国乃至全球的创新高地、创业天堂。

2020 年以来，杭州新引进 35 岁以下大学生 208 万人。近年来，杭州不断深化青年发展型城市建设，加大对青年人才的招引集聚力度，营造了青年群体就业创业的良好氛围。

绵绵用力，持之以恒，杭州科技创新和产业创新的深度融合，不断获得新的回报。

时间，来到了 2025 年。

杭州现象，引发了关于创新发展的杭州之问，引发了关于创新发展的蝴蝶效应。

2025 年 1 月 20 日，DeepSeek 正式发布推理大模型 DeepSeek-R1，瞬间在全球 AI 领域掀起波澜。该模型的性能比肩 OpenAI o1 正式版，却以仅 557.6 万美元的预训练费用，远远低于 OpenAI 动辄 7800 万美元至 1 亿美元的投入，实现了低成本、高成效的巨大突破。其基准测试更是升至全类别大模型第三，在风格控制类模型分类中还与 OpenAI o1 并列第一。这般斐然成绩，给全球顶尖 AI 公司带来巨大冲击，也让人们对它的诞生地杭州投来更多探究的目光。

DeepSeek 的创始人梁文锋是广东湛江人，广东一直是改革创新的领头羊。于是，网上有不少人在问：为什么广东湛江的人才梁文锋没在广东创业，而是选择在杭州租房创业呢？这样一家极具影响力的企业，为何诞生于杭州而非深圳？

2025 年 2 月 7 日、8 日，江苏省委机关报《新华日报》旗下"交汇点"客户端连续发布了三篇专稿文章：《DeepSeek 为什么会出现在杭州？》《为什么南京发展不出"杭州六小龙"？》《杭州有 DeepSeek，南京有什么？》。

2025 年 2 月 10 日，济南日报报业集团旗下的爱济南客户端发文《杭州"六小龙"出圈，给济南什么启示？》，在罗列两地诸多相似之处后提出："济南该向杭州学什么？"

2025 年 2 月 12 日，《合肥日报》在头版刊文《合肥这场大会，释放出什么信号？》表示，以科技创新著称的合肥该如何检视创新生态，培育特色创新物种与新兴产业，重塑身份认同？"杭州有 DeepSeek，合肥有什么？"

……………

杭州，作为我国独具特色的梦想天堂和创新高地，在全国形成了示范效应，在全球激起了创新波澜。

## 三、"为什么是杭州？"

新时代的杭州之问，为杭州带来了无限的关注流量。

创新的杭州，充满着创新的能量，在新的春天继续奋跑！

2025年3月1日，由杭州市委人才办、杭州市人力资源和社会保障局主办的2025"起跑春天"杭州青年人才交流活动在杭州大会展中心启幕。这是杭州市2025年"新春引才服务月"期间规模最大的一场线下人才招聘会，830家参会单位为青年人才提供了2.1万个岗位，掀起了杭州新一年招才引智的"新热潮"。这一举措，成为杭州作为梦想天堂、创新高地的又一个新注脚。

参加这次活动的，不仅有云集的"大厂"、刚需的"科技"，还有靠谱的"实习"、友好的"环境"。15家鲲鹏企业、50余家上市公司、200余家专精特新企业、110余家国企向青年人才抛出"橄榄枝"，阿里巴巴、网易、吉利、海康等知名"大厂"均参与其中。

在近期火爆出圈的"杭州六小龙"企业展位前，也排起了"长龙"。此次"杭州六小龙"中有四家企业来到现场，带来了AI算法工程师、机器人科学家等岗位。在"杭州六小龙"之一的浙江宇树科技有限公司展位前，不少青年在有序排队，期望与心目中的理想工作"双向奔赴"。专程从新疆乌鲁木齐赶来杭州的某个年轻人表示："冲着杭州和宇树来的。在杭州，很多事情做起来都很方便，杭州的人才政策也很吸引我，住房补贴、人才补贴等都很完善，这座城市对青年很友好。"

杭州市 D 类人才、"金牌导游"小黑诸鸣在以亲身体会向青年人才推介杭州市及滨江区"不拘一格降人才"的贴心政策时表示："我这样的例子，站在大家面前，证明杭州这个城市，一切皆有可能，杭州为大家提供了无限的机会。在杭州，不管任何一个行业，只要做得好，都能被认可，导游、快递小哥一样可以成为 D 类人才。"

杭州市人才管理服务中心相关负责人说："'六小龙'是杭州新兴科技企业的缩影，杭州在不同赛道上还有大批充满创新活力的科技企业，欢迎更多年轻人一起来'寻龙'。"创新，成就了越来越多的"小龙""小

2025 年 2 月 23 日，2025 年浙江省高层次人才洽谈会暨"留·在浙里"海外高层次人才招聘会在杭州举办，50 余家企事业单位的 400 余个岗位吸引求职人员 2125 人次，其中博士 836 人次，海归占比 50.47%；硕士 1139 人次，海归占比 77.87%。图为多家科研机构吸引求职者　中新图片 / 王刚

虎"，创新为各种人才提供了越来越广阔的发展空间，为作为梦想天堂和创新高地的杭州增添了更为强劲的发展动力。

2025年3月2日，"起跑春天"杭州青年人才交流活动上城分会场暨"启杭第一站"人才招聘大会在杭州东站举办。招聘大会由杭州市上城区委、区政府主办，汇集100家优质企业，推出3800个硬核岗位。其中，既有近期爆火出圈的"杭州六小龙"企业群核科技，也有上市企业、小巨人企业、专精特新企业、独角兽企业等。活动持续半天，现场共吸引参与青年人才1万余人，收到简历1.6万余份。"起跑春天"杭州青年人才交流活动的成功举办和火爆效应，再一次彰显了杭州的创新力量和创新魅力。

杭州因创新而火，杭州因包容而兴。

如何用好创新之力，如何壮大创新之势，将是未来杭州创新发展所要持续思考的新命题。

第二节

## 其来有自：
## 从自然之美到创新之美

城市是人类文明的结晶。

历史，赋予杭州深厚古典的文化色彩。

杭州，有着令人回味的自然之美。从西湖水到虎跑泉，杭州有着看不完的美好风景。"几处早莺争暖树，谁家新燕啄春泥"，清新动人；"最爱湖东行不足，绿杨阴里白沙堤"，充满热爱；"至今喷岩壑，水犹咆哮流。酌言生壮心，一啸风飕飕。海眼在其下，潮汐故可求"，气势浩荡。

杭州，有着勇于创新的科技之美。从阿里巴巴、网易到"杭州六小龙"，杭州科技创新吸引了中国和世界的目光。科技，给杭州增添了数智时代的现代风采。

杭州既是人间天堂，又是科技天堂。杭州魅力无穷，令人浮想联翩。

### 一、杭州历史：满天星斗，创新源头

杭州有着源远流长的文化之美。对于中华文明起源与发展历程，中国现代考古学家苏秉琦（1909—1997）曾经提出一个著名的观点："满天星斗，多元一体"。而在中华文明发展的历史进程之中，杭州就是最为璀璨的星辰之一。西湖、大运河、良渚古城遗址，作为杭州的三大

世界文化遗产，交相辉映，享誉中外，为杭州这座城市增添了浓重的文化底色。

自古以来，杭州便以"三面云山一面城""一江春水穿城过"的独特城市格局闻名。西湖的柔波、运河的绵延、钱塘江的壮阔，共同绘就了"杭州真山真水真园林"的城市画卷。

在杭州，花卉、公园、绿地与运河、西湖、钱塘江等风景紧密相连。"来杭州后发现，这里的年轻人工作之外的头等大事，是去逛西湖、去赏花。从没见过哪个城市的人对花如此着迷，而且不分老中青，除了年轻人，经常看见老人推着婴儿车带着孙辈去赏花……"这是一位在杭州工作的年轻人眼中的杭州印象。

杭州，有着传说悠久的爱情之美。从白娘子的断桥、雷峰塔到梁山伯、祝英台的万松书院，杭州有着人们说不尽的爱情传奇。"接叶巢莺，平波卷絮，断桥斜日归船"，写尽断桥之美；"惨淡一雷峰，如何擅夕照。遍体是烟霞，掀髯复长啸"，读来几多醉意；"万株松树青山上，十里沙堤明月中"，使人神思遐想。

杭州，有着倾诉不尽的诗歌之美。从白居易到苏东坡，杭州有着数不尽的诗意篇章。"江南忆，最忆是杭州。山寺月中寻桂子，郡亭枕上看潮头。何日更重游？"这是白居易对于江南和杭州的诗意倾诉。这种眷恋，这种神游，就是杭州魅力之所在。"水光潋滟晴方好，山色空蒙雨亦奇。欲把西湖比西子，淡妆浓抹总相宜。"这是苏东坡对于杭州和西湖的赞美和感叹。这种美好的赞赏和沉醉的吟咏，就是杭州魅力之所在。

杭州，有着慷慨激烈的英雄之美。从岳飞元帅到秋瑾女侠，杭州有着壮怀激烈的英雄气概。"南渡君臣轻社稷，中原父老望旌旗。英雄已死嗟何及，天下中分遂不支"，有着历史的深沉和悲怆；"秋风秋雨愁煞人"，则弥漫着回旋天地的未酬壮志。

杭州，有着山水飘逸的绘画之美。从南宋李嵩的《西湖图》到元代黄公望的名画《富春山居图》，杭州有着数不尽的涓涓画意。李嵩的《西湖图》中，湖水明净，群山环绕，雷峰塔、孤山、双峰插云、断桥诸名胜皆隐现于雾锁烟迷之中，全图工笔和写意兼用，墨色清淡洗练，湖上晨霭晓雾和旖旎春光跃然纸上。黄公望的《富春山居图》描绘了富春江两岸秀丽的山光水色。峰峦坡石随势起伏，山涧深处清泉飞泻。在群山环抱中，茅屋村舍参差其间，渔舟小桥错落有致，真可谓人随景迁、景随人移，被誉为"亘古第一画"。

杭州，有着深藏丘壑的园林之美。从南宋卢允升的"卢园"（花港观鱼）到清代郭士林的"汾阳别墅"（郭庄），杭州有着别具一格的江南园林的诸多范本。卢园，园内栽花养鱼，池水清洌，景物奇秀；汾阳别墅，东濒西湖，临湖筑榭，曲径通幽，假山叠石，极富雅趣。

在杭州这片土地上，阿里巴巴如同一颗璀璨的启明星冉冉升起，引领着中国电商行业的发展方向，让杭州成为举世瞩目的"电商之都"；网易的加入为杭州的互联网版图增添了新的篇章，进一步强化了杭州在互联网领域的重要影响；2025年，"杭州六小龙"横空出世，现象级传播吸引了人们的目光，这六家来自不同领域的科技新锐企业，凭借着各自的核心技术和创新理念，在全球范围内掀起了创新波澜，成为杭州科技创新的新一轮名片，续写着这座城市的创新神话。杭州市园林文物局相关负责人表示："'300米见绿、500米遇园'，对于杭州的创新企业来说，这种生态布局尤为重要。创意、创新企业，不是劳动密集型产业，它们的成功需要良好的政策环境和生态环境。"在杭州，科技之美和生态之美，就这样完美地融合在一起。

杭州，有着依托数智时代的智慧之美。从数字浙江到数字杭

杭州西溪湿地"曲水寻梅"盛景　中新图片 / 袁新宇

州，杭州引领数字城市治理之路走向更为深远的未来。2003 年 1 月，习近平同志在浙江省十届人大一次会议上，以极具前瞻性的战略眼光作出"数字浙江"的历史性决策部署。同年 7 月，浙江省委十一届四次全会将"数字浙江"建设上升为"八八战略"的重要内容之一。杭州则沿着"数字治理探索者，智慧城市引领者"的方向前进，积极打造"城市大脑"，聚焦群众急难愁盼问题和推进城市治理现代化，着眼破除城市病，运用前沿数字技术推动城市治理创新，构建政务服务"一网通办"、城市运行"一网统管"、社会治理"一网共治"的"三个一网"体系架构，在共同富裕、护航亚运、基层治理等方面发挥了重要作用，逐步形成了一套科学有效的超大城市数字治理系统解决方案。

## 二、杭州生态：梦想天堂，创新高地

在杭州，随着创新链、产业链、资金链、人才链的不断协同，形成了创新的良好生态环境。而"最多跑一次"的改革和"无事不扰，有求必应"的服务理念，更是凸显出城市治理者想方设法托举创新创业者的诚意。浙江强脑科技有限公司创始人兼首席执行官韩璧丞认为："当公司有需要的时候，他们真的会第一时间出现，提供一个很好的环境，让我们去认真地搞科研搞产品。"游戏科学创始人兼首席执行官冯骥感慨，能够有所建树的成果，都需要比较漫长的时间；即使经历漫长的时间，人们未必一定能够成功；即使不成功，大家还是觉得可以安居乐业。他认为，这就是一个城市的加分项。

杭州市市歌《梦想天堂》将杭州魅力表达得更加亲切隽永。1995年8月，本土音乐人应豪创作了《梦想天堂》。这首歌承载了几代杭州市民的情感，成为杭州人的文化记忆。2024年8月31日，杭州市十四届人大常委会第十九次会议表决通过，《梦想天堂》正式成为杭州市市歌。

我们的家，
住在天堂，
碧绿的湖水荡漾着美丽的梦想。

我们的家，
住在天堂，
美丽的梦想期盼明珠耀眼在东方。

你把你的名字写在云的脸上，
让所有的远方看见你的模样。
你把你的春天挂满每一个脸庞，
让远来的翅膀不想家。

你把你的曾经刻在日月的中央，
让成长的天使懂得洁白的主张。
你把你的未来放在我们的肩上，
让友爱的心门不再关上。

城市里的每一棵树，
他们都知道，
每一片绿色是你的阳光。

城市里的每一条路，
他们都知道，
有了爱，
理想不再是希望。

我们的家，
住在天堂，
碧绿的湖水荡漾着美丽的梦想。

我们的家，
住在天堂，

> 美丽的梦想期盼明珠耀眼在东方。

这是杭州人对杭州的热爱和端详。这种自豪，这种深情，就是杭州魅力之所在。杭州魅力，既是中国的，也是世界的。

2024年7月30日，中国144小时过境免签政策发布后，吸引不少海外博主来中国旅游"打卡"。亲身感受中国的美景、美食和热情好客后，他们纷纷在海外社交平台发布视频，分享自己的旅行体验。实施这项免签政策的城市，也包括杭州。这座700余年前《马可·波罗游记》中所称的"天堂之城"，如今正向着国际化都市迈进，同时也传承了千年宋韵文化，对外国游客充满吸引力。浙江中青旅的一名导游说："比起'走马观花'式旅游，国外游客更喜欢沉浸式体验。现在不少外籍游客来中国，希望深入体验中国博大精深的传统文化。以往我们的游览路线偏向西湖、三潭印月等传统热门景区，现在会注重加入文化体验。"在2024年9月28日举行的2024杭州国际人才交流与项目合作大会上，人社部国外人才研究中心发布2023年度"魅力中国——外籍人才眼中最具吸引力的中国城市"主题活动成果，杭州位列第三，仅次于北京、上海，并且杭州已经连续14年入选榜单前十、连续6年进入榜单前五。

杭州，这座魅力之城，还将继续为中国和世界增添绚烂的光彩。

第三节

## 创新生态：
## 从外部牵引到内生驱动

推进中国式现代化，科技要打头阵。科技创新是必由之路。

如何打头阵？既要有打头阵的勇气，又要有打头阵的智慧。

杭州，在推进科技打头阵时，既洋溢着勇气，又有深邃的智慧。

杭州创新之所以受到关注，是因为杭州以智慧的方式推进创新生态的构建。

创新生态体系，是一个复杂的创新系统，既需要绵绵用力，又需要久久为功。杭州创新生态体系的构建和完善，离不开思想的引领，离不开政策的创新，离不开机制的演进，离不开人才的汇聚，离不开城市的治理，离不开产业的升级，离不开系统性的变革。

### 一、杭州魅力：涵养一池春水，呵护万千生态

创新生态，仿佛是一池春水，温暖而又充满生机。

创新生态，仿佛是一片森林，苍翠而又葱茏郁勃。

何谓一个城市的魅力？就是吸引力，就是关注度，就是注意力，就是引领力。

如果一个城市时时刻刻被人们关注，被人们喜爱，被人们牵挂，被人们向往，那么这个城市就具有深深的魅力。

2025 年初，朋友圈开始流传一个话题："为什么是杭州？"这表明，在推进科技创新和创新企业发展方面，杭州具有独特的魅力，并引领着全国创新发展的新方向。

2025 年 2 月 15 日，灵伴科技（Rokid）创始人祝铭明邀请"杭州六小龙"里的五位当家人宇树科技王兴兴、深度求索梁文锋、强脑科技韩璧丞和游戏科学冯骥到家里吃饭。大家聊起现在最热的话题"为什么会出现在杭州"，他们各自表达了非常有趣的观点。祝铭明说："我们不仅仅是自己在奋斗，而且身边的人，不管是领导，还是身边的合作伙伴，都给我们非常非常多的机会。我觉得这也是企业成长过程中非常幸运的一件事。"一个简单的家宴式的聚餐，对"为什么是杭州"这个问题，给出了当事方的答案，简洁明了，趣味盎然。

杭州，对科技创新企业的支持、包容、促进、推动，已经形成了一种全方位、全效能的创新发展支持体系，并构成了包括社会各界力量在内的创新发展生态体系和创新发展动能合力，为雨后春笋般的科技创新提供了最为适宜破土而出的优质土壤。

## 二、创新引领：让创新成为生态，让创新生发动力

杭州的魅力何在？杭州何以成为全国乃至全球关注的焦点和热议的话题，这是一个值得深思的问题。

2024 年 10 月，习近平总书记曾指出，推进中国式现代化，科技要打头阵。科技创新是必由之路。党中央非常重视和爱惜科技人才。"人生能有几回搏"，大家要放开手脚，继续努力，为实现科技自立自强贡献聪明才智。

葆有这种坚持科技创新的执着劲头，就形成了杭州的城市精神、

城市气概。

在杭州的高质量发展和中国式现代化进程中,科技同样也要"打头阵"。而在杭州经验中,最为吸引人的魅力就是其创新特质。"多年来,杭州始终以改革开放排头兵、创新发展先行者的姿态和担当,肩负起一系列先行先试的战略任务。"这是杭州对于自身创新发展的自我评价。

杭州,正是这样以创新的方式推进城市治理,以创新的方式推进未来产业发展,以创新的方式推进中国式现代化进程,成为创新创造和未来产业的高地,并使其示范效应源源不断向外扩散。这也是其所具有的独特价值。

### 三、答案何在:创新源自历史,创新走向未来

杭州,是一座有着灵魂的城市。

杭州,有着上善若水的中国智慧。

杭州,有着百川归海的天下胸怀。

"窗含西岭千秋雪,门泊东吴万里船。"这是东吴的开放气魄。

"东南形胜,三吴都会,钱塘自古繁华。"这是杭州的繁盛景象。

杭州的创新发展,形成了百花齐放、万紫千红的大好局面。这里不是一枝独秀,不是只有"杭州六小龙",而是形成了创新的肥沃土壤、广阔天地,并收获了一茬又一茬的科技创新、产业创新成果。

中华文明,源远流长、博大精深。杭州,传承了绵延的中华文明脉络,并将其和网络文明、数字文明、科技文明融合在一起,迈出了新的步伐,取得了新的进展。

推进中国式现代化,是否有成功的秘诀?也许,答案就深藏在中华民族辉煌的历史之中。习近平总书记指出:"正确运用战略和策略,是我

们党创造辉煌历史、成就千秋伟业、战胜各种风险挑战，不断从胜利走向胜利的成功秘诀。推进中国式现代化，必须把这一成功秘诀传承好、运用好、发展好。要增强战略的前瞻性，准确把握事物发展的必然趋势，敏锐洞悉前进道路上可能出现的机遇和挑战，以科学的战略预见未来、引领未来。增强战略的全局性，谋划战略目标、制定战略举措、作出战略部署，都要着眼于解决事关党和国家事业兴衰成败、牵一发而动全身的重大问题。增强战略的稳定性，战略一经形成，就要长期坚持、一抓到底、善作善成，不要随意改变。做到这些，需要我们提高政治站位，树立世界眼光，胸怀'国之大者'，把历史、现实、未来贯通起来，把中国和世界连接起来，增强战略思维能力，使我们制定的战略符合实

杭州素有"天堂"的美誉，不仅以西湖风景著称，更因其涌现的科技力量，成为全球创新浪潮中的重要一极。图为美景如画的西湖　中新图片 / 柱子

际、行之有效，为中国式现代化提供强大的战略支撑。"[1]

推进中国式现代化进程，要有战略思维。

推进中国式现代化进程，要有策略意识。

杭州魅力，源自敢为天下先的创新精神，源自登高望远的战略思维，源自久久为功的长期主义，源自包容开放的政策环境，源自高效温情的服务意识，源自充满耐心的投资生态，源自将科技创新和产业创新深度融合的协同合力，源自将中华优秀传统文化和现代化治理进程深度融合的治理智慧。

杭州，就是这样一个充满魅力的城市。杭州的魅力故事，不是一个孤立的点，而是一条绵延的线，它以文化的底蕴，以创新的姿态，以科技的精神，贯穿了古典和现代，贯穿了北国和江南，贯穿了中国和世界。

2025年，众人发出的杭州之问，究其本质，其实是创新之问，新质生产力之问，中国式现代化之问。换言之，什么是真正的创新？应该由谁来创新？应该如何创新？应该如何支持创新？创新发展应该向何处去？应该如何推进科技创新和产业创新的深度融合？中国式创新应该如何为全球创新发展作出新的更大的贡献？这些问题的答案，应该既是杭州的，也是中国的，更是全球的。

我们有理由相信：创新发展的杭州经验，为中国创新、全球创新带来更为丰富的参考、更为有益的借鉴和更为深远的影响！

这就是杭州之问、杭州之答，带给人们的启示！这就是杭州样本、杭州经验，带给人们的启示！

---

1. 习近平：《以中国式现代化全面推进强国建设、民族复兴伟业》，《求是》2025年第1期。

# 后　记

2025年春节伊始，以"杭州六小龙"作为科技标识的浙江杭州，成为第一个因科技创新而走红的中国式现代化样板城市。DeepSeek震动全球AI圈，人形机器人"秧歌秀"惊艳央视春晚……"为什么是杭州""为何'六小龙'没有产生在本地"成为广大网民的不停追问和其他各地主动的深刻反思。

浙江，是习近平新时代中国特色社会主义思想的重要发源地之一。作为浙江省会城市，杭州坚持以习近平新时代中国特色社会主义思想为统领，以"弄潮儿向涛头立"的开拓精神，持续深化落实"八八战略"，精细深耕改革创新发展，书写了一篇篇中国式现代化的杭州故事。这是杭州之所以成为"六小龙"诞生地的真正密码。本书旨在通过解码、演绎改革开放以来特别是新时代以来恢宏的历史场景，展示杭州给创新创业者所提供的肥沃土壤，诠释人杰地灵是杭州永恒的特质和魅力。

本书由中国社会科学院中国式现代化研究院党委书记、二级教授、博士生导师林建华担任主编，中国社会科学院中国式现代化研究院理论研究部副研究员、硕士生导师王晶担任副主编。具体分工如下：林建华撰写导论；王晶撰写第一章、第二章、第三章；中国社会科学院马克思主义研究院博士后朱炳聿撰写第四章、第五章、第六章；江西服装学院人文学院教授，中国广播电视社会组织联合会智能全媒体委员会副会长、高级编辑傅玉辉撰写第七章、第八章、第九章。全书由林建华、王晶统稿。

  因时间仓促，书中难免存在不足之处，敬请广大读者朋友批评指正。

作者<br>2025 年 4 月